FÉLIX MORNAND

GARIBALDI

PARIS
ACHILLE FAURE, LIBRAIRE-ÉDITEUR
23, BOULEVARD SAINT-MARTIN, 23

1866
Tous droits réservés

PARIS. — IMP. POUPART-DAVYL ET Cⁱᵉ, RUE DU BAC, 30.

A GARIBALDI

Je ne puis mieux ni autrement dédier ce livre qu'à l'homme incomparable qui en fait le sujet. Ma main est défaillante, mais mon cœur ne l'est pas. Qu'il daigne recevoir, avec sa grande et universelle bonté, ce témoignage d'amour et d'admiration pour lui.

Paris, juillet 1866.

GARIBALDI

I

GARIBALDI EN AMÉRIQUE. — RETOUR EN ITALIE. — DÉFENSE ET RETRAITE DE ROME.

Joseph Garibaldi est né le 19 juillet 1807, à Nice, patrie de Masséna, et si la victoire n'a pas eu « d'enfant plus cher » que celui-ci, non-seulement la patrie italienne ne s'est en aucun temps enorgueillie d'un fils plus brave et plus dévoué que celui-là, mais l'humanité tout entière n'a jamais eu de plus héroïque défenseur, ni de plus mâle champion.

Il embrassa, comme son père, la profession maritime et s'y livrait tout en rêvant à l'affranchissement de sa chère patrie, quand la révolution de juillet 1830 et l'agitation italienne qui s'ensuivit lui parurent une occasion trop favorable de délivrer son pays pour qu'il ne s'y associât pas.

Exilé à cette époque, pendant une période de quinze années, on le voit mener une vie lointaine, errante, aventureuse. Sa famille étant pauvre, il n'avait reçu qu'une éducation bien incomplète et se forma en tout lui-même. Il passe en Suisse (sans doute après le malheureux coup de main de Ramorino sur Annecy), puis en Angleterre, puis à Marseille, où il emploie le temps de son séjour à se perfectionner comme instruction et surtout dans les sciences mathématiques. Nous ne savons s'il faut ajouter foi au récit d'après lequel il se serait rendu, au sortir de là, près du bey de Tunis et aurait pris du service dans l'armée de ce prince ; la plupart des biographes de Garibaldi se taisent sur ce point.

Ce qu'il y a de certain et ce dont l'Amérique n'a pas perdu et gardera le souvenir, c'est que son besoin d'activité et son ardeur d'entreprise fixèrent bientôt ses vues sur un pays livré à d'incessantes et graves convulsions intestines. « Né soldat, » comme l'a dit de lui, après le siége de Rome, le général aujourd'hui maréchal Vaillant, il ne put souffrir les oisivetés énervantes de l'inaction dans l'exil, et alla offrir son épée à la république nouvellement proclamée de Rio-Grande del Sol (Uruguay). A ce service, il se distingua surtout comme marin, soit à bord de la goëlette qu'il avait amenée d'Europe et pour laquelle il avait pris des lettres de marque, soit à la tête de flottilles. A la suite d'un combat brillant, mais inégal, livré pour la république Orientale, il fut fait prisonnier et interné dans l'Entre-Rios, entre le Panama et l'Uruguay. Mais il ne tarda pas à s'en échapper, retourna à Rio-Grande, où il prit part à de nouveaux combats qui accrurent dans ces parages sa réputation déjà grande, et enfin passa, en 1841, à Montevideo où, dans les longues luttes contre Buenos-Ayres et à la tête de la légion italienne formée sous lui et par ses soins, il acquit une renom immense. C'est là qu'il devint un personnage légendaire aussi fameux, aussi populaire dans l'Amérique du Sud que sur sa terre propre, et tellement craint des Argentins et des Dominicains, qu'ils disaient : « Ce n'est pas un homme, mais un diable ! »

Le principal de ses exploits à la Plata fut la victoire qu'il remporta, le 8 février 1846, au lieu dit: « La Tapera di don Venanzio, » sur le général ennemi Gomez, à la tête de 1,200 hommes, dont 900 de cavalerie. Garibaldi n'avait avec lui que quatre compagnies de sa légion et une vingtaine de cavaliers montévidéens. Lui et ses hommes soutinrent le choc avec une telle intrépidité qu'ils repoussèrent l'ennemi quatre fois plus nombreux et le mirent en pleine déroute après lui avoir tué la moitié de son monde dans un combat acharné de douze heures, où la légion italienne fit elle-même des pertes sensibles; tous ses officiers furent blessés, moins Garibaldi et trois autres.

Ce fut en reconnaissance de ce glorieux service et en mémoire de ce haut fait que le gouvernement de Montevideo déclara que le général Garibaldi et les braves qui l'avaient secondé avaient bien mérité de la république.

Le bruit de ses exploits passa l'Atlantique et alla réjouir le cœur de l'Italie asservie à laquelle pensait toujours l'exilé. Florence lui vota une épée d'honneur par voie de souscription populaire, mais il n'eut pas le temps de recevoir ce don. En apprenant que Palerme avait renouvelé ses Vêpres et chassé le roi de Naples, il prit immédiatement congé des Montévidéens, et s'embarqua avec ses compagnons en chantant l'hymne des « trois couleurs. » En passant en Espagne, il apprit coup sur coup l'insurrection de Milan, l'affranchissement de Venise, et courut en Italie offrir à Charles-Albert sa vaillante épée. Mais il fut méconnu ; ses services ne furent acceptés qu'avec hésitation et défiance. De l'armée, le roi l'adressa à Turin, à ses ministres, qui, de leur côté, le renvoyèrent à Milan, où il ne put rien obtenir. Il fallut un premier échec de l'armée royale pour que Garibaldi fût autorisé à lever une colonne mobile de volontaires, dont ses légionnaires formèrent le noyau, et que grossirent de jeunes et ardents patriotes. L'indécision qui perdit tout dans la guerre, d'ailleurs glorieuse, de 1848 et 1849, ne permit pas que cette formation trop tardive rendît tous les services qu'on en devait attendre, et dont on peut juger par tout ce qu'a su faire dans la grande lutte ultérieure Garibaldi en Lombardie.

Quoi qu'il en soit, il guerroya avec audace et succès contre les Autrichiens dans ces mêmes contrées, où nous l'avons vu récemment, mieux apprécié et mieux soutenu, obtenir de si brillants et si rapides avantages. Mais après la retraite de l'Adige, et après l'armistice de Salasco, il ne déposa pas les armes et se jeta, avec trois cents de ses plus braves compagnons, dans Brescia, au val d'Interni, et sur plusieurs autres points, d'où l'approche de forces autrichiennes énormes et la trop flagrante inégalité de la lutte purent seules le déterminer à se retirer en attendant l'heure de reprendre l'offensive. Il passa en Toscane, d'où il projeta de se rendre en Sicile, puis à Venise. Les événements de Rome, l'assassinat de Rossi, la fuite du souverain Pontife, changèrent ces déterminations. Avec Dall'Ongaro, qu'il rencontra à Ravène revenant de Venise, d'où Manin avait dû l'éloigner momentanément pour des causes politiques et de conflit intérieur, il se rendit à Rome où il fut chargé de la composition d'une nouvelle légion, et presque en même temps nommé membre de l'Assemblée constituante.

Le général Oudinot, chargé du commandement des troupes françaises, avait commis la grave imprudence de dire : « Les Italiens ne se battent pas. » Il fut bien vite détrompé. Le 30 avril, jour de la première attaque contre Rome, les premiers bataillons français rencontrèrent à Bravetto l'avant-garde de Garibaldi et durent se replier sur leur gauche, d'où ils coururent aux faibles remparts de la ville éternelle, espérant bien les franchir; mais Garibaldi, en personne, débouchant alors par la porte Saint-Pancrace, les empêcha, avec le concours des troupes de réserve, d'accomplir leur dessein, et les assaillants durent battre en retraite, en laissant aux mains des Romains deux cent cinquante prisonniers.

Il y eut alors une trêve pendant laquelle Garibaldi se tourna avec prédilection et succès vers les Napolitains approchant pour assiéger, eux aussi, Rome, et que commandait le roi Ferdinand en personne. Il les battit successivement à Palestrina, à Velletri, dont son heureuse désobéissance aux ordres du général romain Roselli amena la reddition, acte d'insubordination que punissaient de mort les anciens Romains, mais dont, pour cette fois, personne ne songea à lui demander compte.

Les Napolitains furent alors et demeurèrent convaincus qu'il portait sur lui des amulettes, ne pouvant comprendre qu'un homme pût, sans ce secours, se jouer impunément de la mort à ce point.

Les hostilités avec les Français recommencèrent le 3 juin. Deux brigades assiégeantes attaquèrent la villa Pamphili, défendue seulement par quatre cents hommes, qui durent se replier bientôt. Mais Garibaldi, intervenant, reprit le combat et le prolongea durant seize heures consécutives.

Les Français, s'étant enfin rendus maîtres des approches de la ville et de ses remparts extérieurs, il organisa contre eux une nouvelle et âpre défense derrière le vieux mur d'Aurélien. Enfin, le moment fatal approchant, il n'imita point l'obstination de Mazzini, et écrivit lui-même au général Bartolucci que la résistance était devenue impossible. L'assemblée le mande aussitôt. Il arrive tout couvert de sueur, de sang et de poussière. Il propose d'évacuer la moitié de Rome et de fortifier l'autre. On lui demande combien de temps on pourra encore tenir ainsi. — Quelques jours seulement, a-t-il la franchise de répondre. Ce mot décida de la reddition de la ville.

Quand Rome ouvrit ses portes, il en sortit avec cinq mille hommes environ, fantassins et cavaliers, qu'il destinait à de nouveaux combats contre l'Autriche. Poursuivi à la fois par les Napolitains, les Français et les Autrichiens en forces, il sut, néanmoins, guidé par le célèbre Transtévérin Cicerruacchio, se frayer un passage au milieu de tant d'ennemis et de dangers, traversa les Légations, la Tos-

cane, et se réfugia dans la petite république de
Saint-Marin, dont les magistrats inquiets adjurèrent
sa petite troupe, déjà bien réduite, de mettre bas les
armes. Aucun ne consentit à suivre ce conseil ; mais
beaucoup se dispersèrent. Garibaldi licencia de lui-
même ceux dont le courage ou les forces semblaient
plier, prit avec trois cents hommes seulement qui
lui restaient la route de l'Adriatique, fréta treize
barques de pêche et fit voile pour Venise, dont
l'héroïque résistance durait encore. Des navires autrichiens lui donnèrent la chasse et lui prirent huit
de ses barques : avec les cinq autres, il parvint à
se sauver et débarqua de nouveau aux rivages romains, n'ayant plus avec lui que sa femme, ses
enfants, Cicerruacchio et sa famille, et deux ou trois
compagnons, dont le Lombard Livraghi et le moine
Ugo-Bassi.

Alors commence pour lui dans les montagnes,
avec des périls, des souffrances et des fatigues sans
nombre, une longue et incroyable odyssée dans laquelle sa tête, mise à prix par les Autrichiens, est
toujours épargnée par ceux qui reconnaissent et
qui aiment le fugitif ; c'est ainsi qu'il parcourt,
durant de longues semaines, la Romagne, les
Marches, la Toscane, le nord de la Péninsule, tou-

jours traqué, toujours en danger de périr. Enfin, il gagne Gênes, d'où il peut s'embarquer pour Tunis, et de là il passe en Amérique. Mais sa femme Anita, jeune et vaillante Brésilienne, qui l'avait déjà fait père de trois enfants et était grosse du quatrième, avait succombé en route aux mille maux de ce voyage sans exemple. En lui disant adieu, il fit serment de la venger sur les Autrichiens : on sait s'il a tenu parole. Ses trois derniers compagnons n'eurent pas un sort moins tragique. Cicerruacchio et ses enfants furent fusillés, quoique n'ayant pas pris les armes. D'autres, dit M. Perrens, dans son livre sur les révolutions de l'Italie, prétendent qu'ils se noyèrent dans leur fuite, au passage d'un fleuve. Ce qu'il y a de certain, c'est qu'ils périrent tous. Livraghi et Ugo-Bassi furent mis à mort sans jugement. Ce dernier ne put obtenir le viatique et des historiens sérieux attestent (*idem*) qu'avant de le tuer on lui arracha la peau des doigts et de la tête. Ugo-Bassi est vénéré par le peuple comme un martyr. Et quant à Garibaldi, le général autrichien d'Aspre disait à un homme d'Etat piémontais : « L'homme qui aurait pu vous être le plus utile dans la guerre de l'indépendance, vous l'avez méconnu : c'est Garibaldi. » La critique était bonne ;

on en a profité et les Autrichiens s'en sont aperçus.

Aux États-Unis, Garibaldi se concilia l'estime des laborieux citoyens américains en se livrant à de modestes industries. Puis il reprit, au bout de quelque temps, cette vie de voyages, qui est, après le métier des armes, son goût principal. C'est ainsi qu'il passa à San Francisco, et poussa même jusqu'en Chine, puis revint en Amérique et s'arrêta au Pérou, où on voulut le faire commandant militaire ; mais l'Italie le rappelait. Il revint à Gênes, où il exploita quelque temps une entreprise de navigation commerciale; puis il alla se livrer à l'agriculture dans une petite île voisine de la Sardaigne, Caprera.

II

GARIBALDI EN LOMBARDIE.

Lorsque éclata en Italie, après une bien longue attente, la guerre libératrice de 1859, Garibaldi, quittant son ile, courut de nouveau offrir ses services au roi, et cette fois ils ne furent pas repoussés. On lui donna le grade de major général et on mit sous ses ordres un corps de 6 à 8,000 hommes, qui prit le nom de *volontaires des Alpes*. Ce fut avec eux qu'il commença brillamment les hostilités dans la haute Lombardie.

On raconte que, prenant congé du roi, et comme il lui demandait ses instructions, Victor-Emmanuel lui répondit : « Allez où vous voudrez, faites ce que vous voudrez : vous n'êtes pas un oiseau qu'on puisse tenir en cage. Je n'ai qu'un regret, c'est de ne pouvoir me mettre en route avec vous. » Mais pourtant, la suite a prouvé que le mouvement de Garibaldi était parfaitement concerté avec le quartier général.

A mi-mai, ce chef intrépide et habile se met en marche tout à coup à la tête de ses hommes, dérobe son mouvement aux espions ennemis, en s'avançant de nuit, et faisant ostensiblement tous les apprêts d'une expédition sur Arona, se dirige sur le lac Majeur : cinq marches le portent sur les bords du Tessin, qu'il franchit, non loin de ce lac et sans coup férir, le 22 mai, à minuit, sur des barques qui se trouvent à point nommé prêtes à recevoir lui et ses hommes. Le 24, à la pointe du jour, il pénètre à Sesto-Calende, où il fait prisonnière la garnison autrichienne, et adresse aux populations lombardes la proclamation ci-après :

GARIBALDI AUX LOMBARDS

« Lombards !

« Vous êtes appelés à une nouvelle vie, et vous devez répondre à l'appel, comme le firent vos pères à Ponsida et à Legnano. L'ennemi est encore le même : atroce, assassin, impitoyable et pillard. Vos frères de toutes les provinces ont juré de vaincre ou de mourir avec vous. C'est à nous de venger les insultes, les outrages, la servitude de vingt générations passées; c'est à nous de laisser à nos fils un patrimoine pur de la souillure de la domination du soldat étranger. Victor-Emmanuel, que la volonté nationale a choisi pour notre chef suprême, m'envoie au milieu de vous pour vous organiser dans les batailles patriotiques. Je suis touché de la sainte mission qui m'est confiée et fier de vous commander.

« Aux armes! le servage doit cesser. Qui peut saisir une arme et ne la saisit pas est un traître !

« L'Italie, avec ses enfants unis et affranchis de la domination étrangère, saura reconquérir le rang que la Providence lui a assigné parmi les nations !

« G. GARIBALDI. »

De là il marche sur Varèse, après avoir confié la garde du pont de Sesto-Calende à 150 hommes, commandés par le brave Christofori; le 26, il est à Varèse ; l'insurrection l'y a précédé, et déjà le podestat Carcano a soulevé la commune et fait arborer le drapeau national. A l'apparition des volontaires des Alpes, le mouvement éclate partout; le plus petit village se pare des trois couleurs italiennes, le tocsin sonne, et tous les riverains du lac Majeur se lèvent contre l'ennemi de leur pays.

Le premier soin de Garibaldi est de désigner à Varèse un commissaire extraordinaire au nom de Sa Majesté sarde, M. Emilio Visconti Venosta, et de procéder avec lui à la formation de deux nouveaux bataillons de volontaires.

Les fils télégraphiques qui relient le lac Majeur à Bergame sont brisés, et la petite ville de Canobbio soutient avec avantage et énergie le bombardement du vapeur autrichien *le Radetzki*.

Cependant, un corps du feld-maréchal Urban s'avance sur Varèse à marches forcées : il est supérieur en nombre. La ville, barricadée à la hâte, soutient le choc dans un combat acharné. Les habitants et une partie des volontaires la défendent. Pendant ce temps, Garibaldi, qui est sorti de la ville sans dire où il allait, et s'est posté en embuscade, à droite et à gauche, avec le reste de ses hommes, fond tout à coup en flanc sur les Autrichiens, les met en désordre et en fuite et leur fait des prisonniers. Ils se retirent sur Côme ; Garibaldi les y poursuit, les bat en route à Borgo-Vico, dans un combat très-meurtrier, et entre le 27 à Côme, qu'il trouve illuminée et dans le paroxysme de la joie. Les Autrichiens n'avaient pas cru devoir l'y attendre et s'étaient réfugiés à Camerlata, monticule situé à peu de distance de la ville, d'où ils comptaient la bombarder. Mais Garibaldi, soit par attaque directe, soit par l'établissement d'une demi-batterie sur une colline voisine et plus haute, celle de San Fermo, a promptement dominé leur feu et les a contraints de nouveau à battre en retraite, ce qu'ils ont fait en se repliant sur Monza.

Toute la Valteline est soulevée.

La Valteline est un petit district de l'Italie septentrionale, formé par une vallée qui s'étend de l'Adda au lac de Côme. Sa population est de 60 à 70,000 habitants. La Valteline, qui est traversée par l'Adda et entourée de hautes montagnes, a formé le département français de l'Adda, dont le chef-lieu était Sondrio, où se forme actuellement un nouveau corps de volontaires.

Garibaldi, après une attaque sans résultat positif sur Laveno, put recevoir des renforts en hommes et en artillerie; et la gauche de l'armée alliée, dans ses opérations également victorieuses, manœuvra évidemment de façon à pouvoir donner la main à l'héroïque chef des volontaires des Alpes, incessamment recrutés de nouveaux et dévoués soldats, fournis à chaque étape par la jeunesse du pays.

L'empereur et le roi firent complimenter l'auteur et le héros de cette étonnante expédition, que l'on sut alors avoir été tentée avec leur plein assentiment. Le roi, qui en témoigna la joie la plus vive, fit demander à Garibaldi un rapport qui lui permît de décréter des récompenses immédiates pour ses braves compagnons d'armes; mais Garibaldi, qui n'écrivait depuis son entrée en campagne que par dépêches spartiates : « J'ai rencontré l'ennemi, je l'ai battu, je suis à Côme, » répondit au roi que le temps lui manquait pour envoyer immédiatement ce rapport, mais qu'il soumettrait ses propositions ultérieurement, espérant le faire après des avantages plus décisifs.

De si grands et si prompts succès ne furent pas, malheureusement, obtenus sans pertes sensibles. Le brave Christofori fut tué le 30, près Côme, ainsi que plusieurs autres officiers et volontaires. Christofori, né à Milan, âgé de trente-quatre ans, était élève de notre École polytechnique et s'était déjà brillamment distingué en 1848 dans la légion Manara.

Le corps de Garibaldi, composé d'hommes déterminés et tous choisis soigneusement, comptait trois régiments d'infanterie, 250 guides et 200 carabiniers. Le 1er régiment était commandé par le général Cosenz, et ses deux bataillons par les majors Sacchi et Lipari ; le 2e régiment par le colonel Medici, ses deux bataillons par les majors Riccardo Ceroni et Nino Bixio ; le 3e régiment par le colonel Ardoino, ses deux bataillons par les majors Stello et Frigerio.

Les guides étaient commandés par le major Foresti ; ils étaient armés d'une lance, d'un sabre et de deux revolvers. A l'état-major du général figuraient le colonel Carrano, le capitaine Cenni, les lieutenants Curti, Bovi et Gian Felici, tous jeunes gens pleins de feu et de valeur. Outre cette force, Garibaldi disposait d'un petit parc d'artillerie (14 pièces), parmi lesquelles 6 capturées par ses volontaires.

A ces troupes organisées, on dut ajouter bientôt près de 10,000 volontaires, gardes mobiles, partisans, etc., qui se joignirent au général Garibaldi aussitôt après son entrée à Côme et à Varese.

Un de ses biographes résume assez exactement le programme que Garibaldi trace à ses volontaires en les acceptant : « Je ne puis t'offrir, leur dit-il, que la soif et la chaleur pendant le jour, le froid et la faim pendant la nuit, le danger toujours ; mais, au bout de toutes ces souffrances, l'indépendance de l'Italie. Je fais fusiller sans pitié les voleurs ; je punis sévèrement les désobéissances. Maintenant fais comme les autres, et ne te laisse pas prendre, car on ne te ferait pas de quartier. Libre à toi de te faire fusiller comme un chien par un peloton de Croates, ou de mourir, le sabre au poing, sur les cadavres de tes ennemis en criant : Vive l'Italie ! »

Du reste, il est physionomiste et bon juge, et ne choisit que des hommes à toute épreuve.

La tenue de ses volontaires est peu rigide, et ressemble plus à un costume de chasse qu'à un uniforme de soldat. Ils ont une jaquette assez large, sorte de blouse rouge serrée à la taille par une ceinture de cuir ; le pantalon est généralement de couleur grise. Ils sont coiffés d'une petite casquette cirée ornée, sur le côté droit, d'une cocarde aux trois couleurs. Leurs armes sont un sabre et un fusil, auxquels ajoute un pistolet qui peut.

En guerre, Garibaldi monte à cheval et fond dans la mêlée, n'ayant habituellement pour arme qu'une cravache ou un fouet.

Garibaldi, physiquement, ressemble assez aux portraits qu'on trace généralement de lui. Il est de taille et de corpulence moyennes, mais ses larges épaules accusent une vigueur herculéenne ; sa barbe est d'un blond doré : ses cheveux châtains sont grisonnants ; son œil est bleu et sa figure longue, pâle et expressive. Ses manières sont d'une distinction parfaite, et il apporte autant de douceur que de fermeté dans ses relations avec ses volontaires, qui l'adorent. Intellectuellement, il se nourrit de Plutarque et des grands écrivains de l'antiquité. Il est en étroite parenté avec eux, et c'est ce qui explique comment il combat, marche, agit et écrit à la spartiate. Ses incontestables talents militaires se résument dans un mélange équilibré de finesse et d'audace qui, presque sans exception dans sa déjà longue carrière belligérante, lui a donné la victoire.

III

GARIBALDI DANS LES DEUX-SICILES.

On peut fouiller l'histoire dans tous les coins et recoins, on n'y trouvera rien de pareil, rien d'analogue même à l'extraordinaire expédition des Deux-Siciles. Elle est plus fabuleuse que l'expédition fort nuageuse des Argonautes, et il s'y agissait, comme moyen et comme but, d'autre chose que de vaincre un dragon-portier et de cueillir des pommes d'or dans un jardin réel ou non.

Garibaldi, dont le grand sens égale la grande âme, hésita, dit-on, avant d'entreprendre cette expédition incroyable. Il y avait de quoi, et une tête folle seule eût pu donner sans réflexion dans un danger si effroyable. Le souvenir du succès conquis à travers tant de périls était bien, il est vrai, de nature à grandir et à exalter sa foi en lui-même, mais il y avait mille contre un (autant que Garibaldi compta de soldats à Marsala) pour que la tentative avortât, noyée dans le sang. Avec deux coques de noix et mille hommes, assaillir un royaume de dix millions d'âmes et une armée de plus de cent mille soldats, les temps passés n'ont jamais rien connu de tel, et il est vraisemblable que les temps à venir ne seront pas plus favorisés. Félicitons-nous donc d'être nés en notre temps, malgré toutes les misères et les souffrances qui peuvent lui être particulières, pour avoir vu une merveille dont nul siècle avant nous n'a été témoin.

Quand une fois son parti fut pris, il devint irrévocable. En avril 1860, une partie de la Sicile était en pleine insurrection contre les Bourbons. Le brave Rosolino Pilo tenait vaillamment la campagne. Fallait-il le laisser succomber? Le grand cœur de Garibaldi ne pouvait pas admettre cette supposition. Il se résolut donc, et le 6 mai au soir s'embarqua, avec ses volontaires, aux environs de Gênes, sur les deux bâtiments à vapeur de la Compagnie Rubattino, *le Lombardo* et *le Piemonte*, l'un commandé par lui, l'autre par Bixio. L'administration de M. de Cavour laissa faire avec d'autant plus de raison qu'il lui eût été fort difficile d'empêcher.

Le signalement et le portrait photographique de Garibaldi avaient été multipliés à outrance entre les mains de toutes les autorités civiles et militaires de la Sicile. Toute la flotte napolitaine croisait autour de l'antique Trinacrie, prête à couler bas cent fois les deux frêles navires qui portaient le héros et sa fortune. Garibaldi tira des bordées, fit des marches et contre-marches maritimes et finalement débarqua à Marsala, sur la côte ouest de la Sicile, le 12 mai. Des frégates napolitaines tentèrent en vain d'empêcher son atterrissement : elles ne réussirent qu'à canonner des coques vides. Garibaldi et ses hardis compagnons s'étaient déjà jetés dans la montagne, quand elles intervinrent, et dès le lendemain il opérait sa jonction avec les insurgés aux ordres de Rosolino Pilo, tué peu de jours après dans cette mémorable campagne.

Le 15, il rencontrait à Calatafimi quatre ou cinq mille Napolitains commandés par le général Landi. Sa force était des deux tiers moindre, et de plus, la moitié des fusils distribués aux volontaires, dans la précipitation de l'embarquement, n'avaient pas de lumière et ne pouvaient partir. Ce fût peut-être le salut de l'expédition dans cette phase critique. On ordonna la charge à la baïonnette, et les royaux, à qui ce mode de combattre était peu familier et surtout peu agréable, se débandèrent au milieu d'une défaite complète.

Huit jours de marche très-pénible, sans routes frayées et à travers les bois, menèrent Garibaldi devant Palerme. Le général Turr m'a raconté que, lorsque le grand général et lui aperçurent la ville du haut des sommets escarpés où ils venaient de déboucher, Garibaldi, regardant le ciel, y chercha *son étoile*, car il en possède une de prédilection, et dit, en la voyant briller de tout son éclat dans une nuit assez nuageuse : « Nous vaincrons et nous entrerons dans Palerme! »

Mais il y avait vingt-cinq mille hommes de garnison dans la capitale de l'île. Par une de ces ruses qui lui sont familières, Garibaldi eut l'art de se faire poursuivre par un gros détachement de troupes royales dans la direction du littoral Est de la mer en engageant sur ce point très-ostensiblement une partie de son corps qui revint secrètement, et par des chemins détournés, entre Monreale et Palerme, où il était resté caché. Puis le 27, à l'aube, à trois heures du matin, il attaqua intrépidement la ville, qui était mal gardée, vu la croyance où on y était qu'il se trouvait bien loin de là, et y entra non sans un combat acharné.

Je tiens du prince San Cataldo, d'une des grandes familles de Sicile, qui fut depuis le représentant de sa dictature à Paris, que tout Palerme était, on ne sait comment, instruit de son proche voisinage et du moment de son attaque. Dans cette ville d'une population de deux cent mille âmes au moins, il ne se trouva personne pour trahir le secret. Toute la ville fut promptement en son pouvoir, mais il restait les forts au pouvoir des Napolitains, qui bombardèrent la malheureuse cité d'une façon impitoyable. Six cents cadavres furent trouvés sous les décombres des quartiers bombardés et incendiés, et l'amiral anglais Mundy, présent à ces scènes d'horreur, constate dans son rapport officiel que des familles entières furent brûlées vives, avec les maisons qui les contenaient.

Cruautés inutiles! Le 31 mai, les généraux Landi et Letizia, au nom de François II, durent s'aboucher avec le héros libérateur sur le vaisseau amiral anglais, et là signèrent un armistice qui aboutit à une capitulation excluant de Palerme les troupes napolitaines de terre et de mer.

L'autonomie de a Sicile était également promise au nom de François II; mais on savait dans ce pays, par l'expérience de 1848 et de 1849, ce que valaient de tels engagements. Garibaldi ne s'y fia pas et eut l'incroyable audace de franchir presque seul le détroit de Messine et de s'avancer jusqu'aux portes de Naples, pour connaître par lui-même les vœux des populations. Reconnaissant qu'elles repoussaient presque unanimement les Bourbons, il revint en Sicile, livra, le 20 juillet, aux royaux, la meurtrière bataille de Melazzo, qui fut pour lui une éclatante victoire, fit tomber le fort de cette ville, puis bientôt après Messine, par capitulation, enfin Syracuse et Agrigente.

La Sicile ainsi délivrée, moins la forteresse de Messine, occupée stérilement par le général Fergola, il se prépara à passer sur le continent et à compléter son étonnante conquête. Ce fut à ce moment qu'il reçut de Victor-Emmanuel une lettre autographe lui défendant de passer outre. Il répondit à cette missive par un refus d'obéir respectueux, mais ferme, et il franchit de nouveau le détroit, cette fois avec ses troupes. Dès son débarquement, il gagna la bataille de Reggio, où malheureusement fut tué notre brave concitoyen de Flotte, et s'empara de la ville nuitamment, en faisant sonner les trompettes du côté opposé à celui où il livra l'assaut.

Depuis lors, jusqu'au 7 septembre, jour de son entrée à Naples, il n'eut plus à soutenir que quelques combats sans importance, et sa marche fut en quelque sorte triomphale. Il entra à Naples entouré de cinq ou six personnes au plus, à Naples qui était encore occupée, fort et ville, par de nombreuses troupes royales. Comme il débouchait en voiture, au milieu des acclamations enthousiastes de la foule, dans une rue voisine de l'habitation qu'il allait occuper, il se trouva en face d'un régiment napolitain en bataille, avec canons, mèches allumées. Le moment était critique : une seule seconde d'hésitation pouvait perdre lui et son œuvre ; mais lui, avec cet extraordinaire sang-froid qui ne l'abandonne jamais, se leva, se tint debout sur le devant de la voiture, et portant la main à sa toque, fit à la troupe ennemie le salut militaire.

Celle-ci n'y tint plus : elle éteignit les mèches, porta involontairement les armes, et malgré les efforts de quelques officiers, les fusils refusèrent obstinément de partir. Garibaldi était sauvé, et l'œuvre de pacification avec lui.

La Sicile et Naples conquises entraînèrent immédiatement l'entrée de l'armée italienne dans les Marches et dans l'Ombrie. Le général Lamoricière marcha contre elle à la tête des troupes pontificales et fut complétement défait, le 18 septembre, par le général Cialdini, à Castelfidardo. Peu après, Ancône, où il s'était réfugié, succomba sous l'effort combiné de Cialdini et de l'amiral Persano.

Pendant qu'ils assiégeaient Ancône, Garibaldi remportait, après deux jours de vive lutte, une nouvelle victoire sur le Volturne. Victor-Emmanuel se mettait alors à la tête de son armée, qui battait les royaux à Isernia. Le 27 septembre, il rencontrait Garibaldi à Monte-Croce, et faisait avec lui, l'ayant dans sa voiture, à ses côtés, une triomphale entrée à Naples. Capoue s'était déjà rendue, et au mois de janvier suivant, la place très-forte de Gaëte, dernier refuge de l'ex-roi François II, longtemps protégée contre les Italiens par la présence de l'escadre de l'amiral Le Barbier de Tinan, capitulait aussi.

Quant à Garibaldi, dès le 29 novembre, il avait

remis ses pouvoirs dictatoriaux aux mains du roi, et refusait tout de lui, collier de l'Annonciade, grade de général d'armée ou maréchal, indemnités, appointements : il avait repris le chemin de Caprera, en empruntant à un ami quelques écus pour pouvoir faire le voyage !

IV

GARIBALDI A ASPROMONTE

J'arrive à une partie pénible et délicate de ma tâche. Il n'importe : je la remplirai avec impartialité, sans rien perdre du sentiment profond que je dois à mon pays.

Avant même la regrettable affaire d'Aspromonte, on a fréquemment accusé Garibaldi d'être l'ennemi de la France. La lutte acharnée qu'il soutint contre nous, au siége de Rome, a servi de point de départ à cette imputation très-mal fondée. Il faut se souvenir qu'il est Italien et qu'il défendait la capitale historique de son pays assaillie par une armée étrangère. Dans tous les entretiens dont il m'a honoré, il m'a toujours exprimé les meilleurs sentiments pour la France et la reconnaissance la plus vive du bien dont l'Italie lui est redevable. Et ce n'est pas seulement officieusement, ni dans des conversations privées qu'il s'est exprimé ainsi. Il existe de lui une proclamation adressée aux Italiens du centre, après la guerre de 1859, et où, quoique mortifié assurément de l'inachèvement de l'œuvre entreprise, par suite de la paix de Villafranca, il n'hésite pas à nous exprimer, dans les termes les plus chaleureux et les plus précis, la vive gratitude dont son cœur est rempli pour la France et son souverain.

Cette proclamation, qu'il n'est pas inutile de reproduire, la voici :

« Italiens du centre,

« Il y a quelques mois, nous disions aux Lombards : « Vos frères de toutes les provinces ont fait « serment de vaincre ou de mourir avec vous. » Les Autrichiens savent que nous avons tenu parole. Demain nous vous dirons ce que nous disions alors aux Lombards, et la noble cause de notre pays nous trouvera serrés sur le champ de bataille, animés comme nous l'avons été dans la période écoulée, et dans l'attitude imposante d'hommes qui ont fait et feront toujours leur devoir.

« De retour dans vos foyers, et au milieu des caresses de la famille, n'oubliez pas la reconnaissance que nous devons à Napoléon III et à l'héroïque armée française, dont tant de vaillants enfants sont encore, pour la cause de l'Italie, blessés ou mutilés sur des lits de douleur.

« N'oubliez pas surtout, quelle que soit l'intention de la diplomatie sur nos destinées, que nous ne devons jamais nous écarter de la proclamation sacrée : « Italie et Victor-Emmanuel !

« Signé : GARIBALDI.

« Lovere, 23 juillet. »

Mais, dès l'année qui suivit la paix de Villafranca et le vain traité de Zurich, les choses changèrent bien de face en Italie. Garibaldi fit, au printemps de 1860, la merveilleuse expédition des Deux-Siciles, dont le succès amena, força en quelque sorte, l'entrée des Italiens dans l'Ombrie, dans les Marches, et l'annexion à la commune patrie de

tous les États pontificaux, moins le territoire connu
sous le nom de *Patrimoine de saint Pierre.*

Garibaldi put donc penser et dire en toute vérité
qu'il avait *fait l'Italie.* Il ne s'en gonfla pas, mais
il devint, avec l'Italie elle-même, plus exigeant
pour la prompte prise de possession de la grande et
illustre ville que toute la péninsule considérait dès
lors et ne cesse de regarder comme sa capitale naturelle.

Dès 1861, le roi, M. de Cavour, tous les ministres, les deux chambres ne tenaient pas un autre
langage, et le gouvernement français semblait si
peu contrarier cette aspiration nationale, que tout
alors annonçait une prochaine solution de la question. Victor-Emmanuel ne craignit pas de s'ouvrir
absolument dans ce sens à un petit groupe de journalistes français venus à Turin pour l'inauguration
du monument de Manin, groupe dont je me trouvais, qui lui fit visite et reçut de lui l'accueil le
plus affectueux. A cette même époque, le 27 mars,
le parlement italien déclara solennellement Rome
capitale de l'Italie, et ce vote fut confirmé le 2 décembre suivant par une déclaration analogue,
très-encouragée, très-provoquée même par le
premier ministre, M. Ricasoli. Et, comme le parti

avancé s'agitait, en suite de cette double et éclatante manifestation, le successeur de M. de Cavour, interpellé à ce sujet, n'hésita pas à proclamer, le 17 février 1862, du haut de la tribune, « que ces agitations étaient utiles comme expression du sentiment national et des vœux unanimes du peuple italien, touchant la translation de la capitale à Rome. »

Cette déclaration amena, il est vrai, la chute de M. Ricasoli et son remplacement par M. Rattazzi, de tout temps l'homme des situations difficiles. Mais l'agitation ne fit que s'en accroître, comme il fallait bien s'y attendre. Mazzini se remit à lancer ses manifestes, et Garibaldi à adresser aux diverses classes ou corporations, aux femmes mêmes, de ces petites lettres courtes, mais bouillantes et entraînantes, dont il a le secret et qui sont l'action même. Le colonel Nullo, depuis tué en Pologne, fit une pointe dans le Tyrol, avec l'intention avouée d'amener son pays à faire la guerre à l'Autriche. Quant à Garibaldi, il parcourait l'Italie pour y activer l'institution et le fonctionnement des tirs au berceau (*bersaglio*), toujours recommandés par lui pour donner à la patrie de bons tireurs. Tout à coup il disparut. On le crut rentré dans son ile.

Mais peu après on sut son arrivée à Palerme, où l'un de ses amis les plus dévoués, Giorgio Pallavicino, était préfet, et où il commença à gronder, à tonner contre l'occupation française et pour le prompt recouvrement de Rome.

A Marsala, où il se rendit ensuite, il parla dans le même sens. Puis il se mit à lever ouvertement des volontaires et s'établit avec eux dans une localité de l'intérieur de l'île appelée *Bois de Ficuzza*. Il acheva ensuite à Corleone, ville située au sud-est de Palerme, son organisation, qui comprit environ 4,000 volontaires, presque tous des adolescents, des enfants presque. Il les nommait ses *picciotti*. En vain le roi avait fait une proclamation pour désavouer tout appel à la force par autre que par lui ; le premier ministre Rattazzi, un discours au parlement où il déclarait que « si Garibaldi sortait de la légalité, il serait puni comme les autres, » et le ministre de la guerre, un ordre du jour où il disait aux soldats : *Vous ferez votre devoir, quelque pénible qu'il puisse être*. En vain le général Cugia, nommé gouverneur de Sicile, le député La Loggia et le duc de La Verdura, pour qui il avait de l'estime et de l'amitié, l'avaient conjuré de renoncer à son entreprise. Il demeura inflexible. Il avait fait solennellement, dans une chapelle isolée de la poétique Sicile, le serment de : *Rome ou la mort !* et il voulait tenir son serment d'autant mieux qu'il en croyait l'accomplissement utile, indispensable même aux destinées de sa patrie.

Les troupes envoyées au-devant de lui ne l'empêchèrent pas de gagner, en trois colonnes distinctes, l'importante ville de Catane, où il fut reçu à grandes acclamations. De là, sans attendre les généraux italiens qui s'étaient mis à sa poursuite, il s'embarqua pour Melito, où il prit terre dans la nuit du 24 au 25 août et qui est située près du cap Spartivento, à l'extrémité méridionale de la Calabre.

On trouvera dans les chapitres qui suivent (*Garibaldi à Caprera*) quelques détails épisodiques assez curieux sur cette aventureuse traversée.

Débarqué à Melito, il marcha immédiatement avec son corps sur Reggio.

Son plan était celui-ci : il voulait à tout prix éviter une rencontre et surtout un engagement avec les troupes italiennes, et c'est pour cela qu'il se condamnait à ne s'avancer que sur la crête des monts les plus escarpés. Il ne voulait pas même attaquer les Français chargés de la garde de Rome ; mais, faisant la boule de neige à mesure qu'il s'avancerait vers la ville éternelle, groupant autour de lui les populations en masse, les soldats italiens qui se joindraient à lui, il comptait se présenter avec cette multitude sous Rome, l'entourer, et, par cette manifestation imposante, paralyser le moral et arrêter les coups de la garnison française, qui, vraisemblablement, ne se déciderait pas à tirer sur une telle foule, non combattante et réclamant pour le pays sa capitale.

Ce plan pouvait être très-chimérique, mais du moins il avait de la grandeur. Il fut déjoué dès le début de son exécution par les mesures que prit, fort alarmé, ce qui se conçoit, le gouvernement italien. Il ne put éviter, en route pour Reggio, un engagement avec les troupes du roi, où il y eut des morts, des blessés, des prisonniers faits. Reggio étant gardée par des forces plus que suffisantes pour défendre la place, il dut gagner tout de suite les montagnes et se diriger sur Aspromonte, suivi par le colonel Pallavicini, à la tête de dix-huit cents bersagliers. Le 29 août, fortement retranché sur le plateau d'Aspromonte, il fut attaqué par Pallavicini. Il recommanda aux siens de ne point tirer ;

mais sa voix ne fut pas entendue partout. Un certain nombre de volontaires répondirent au feu des bersagliers qui redoubla. Garibaldi fut grièvement blessé au pied, son fils Menotti, plus légèrement; il y eut 12 morts, 200 blessés et 2,000 volontaires furent faits prisonniers, outre leur illustre chef et l'aîné de ses fils.

Garibaldi avait demandé à être conduit en Angleterre, mais on le transféra à la Spezzia, puis à Varignano, où la dangereuse blessure qu'il avait reçue devint bientôt la préoccupation non-seulement de l'Italie, mais de toute l'Europe et du monde entier même. L'Angleterre lui envoya, par souscription, son plus célèbre chirurgien, le docteur Partridge, qui ne le jugea pas en danger, mais n'apporta que peu de soulagement à ses souffrances. Cependant son état empirait chaque jour, et il était très-fortement question de lui couper la jambe. C'était, dit-on, l'avis chirurgical de l'un de ses plus dévoués et meilleurs amis, le docteur Bertani, de Gênes, le principal organisateur de l'expédition des Deux-Siciles.

C'est alors que la France, émue, lui envoya son grand chirurgien le docteur Nélaton. Quand il partit pour la Spezzia, il vit M. Drouyn de Lhuys, qu'il trouva, non sans quelque étonnement, très-sympathique au glorieux vaincu d'Aspromonte. Lui ayant demandé s'il avait besoin de passe-port, il reçut de lui cette réponse : « En aucune façon ; vous n'aurez besoin que de dire que vous allez traiter un illustre blessé. » Lorsqu'il fut arrivé au chevet du malade, le premier mot de Garibaldi fut : « Eh quoi ! monsieur le professeur, vous venez de si loin soigner un rebelle ! » — « Non, dit le docteur, je viens offrir mes soins à un héroïque blessé. » Et il lui parla de M. Drouyn de Lhuys, qui l'avait vu à La Plata. Le général ne se souvenait que faiblement de ces rapports lointains et superficiels. Mais il se rappela très-bien M. le comte Walewski, pour l'avoir vu à cette époque.

M. Nélaton déclare n'avoir jamais vu de blessé acceptant avec plus de calme dignité la nouvelle de son rétablissement certain. — « Ordinairement, dit-il, ils me sautent tous au cou et sont ridicules de joie. »

On se rappelle qu'en effet, par un ingénieux instrument de son invention, M. Nélaton put constater l'existence, jusque-là contestée, de la balle dans le pied, et put prédire, presque à jour fixe, le moment où elle en serait retirée.

Pendant ce temps, le gouvernement italien, fort embarrassé de la capture d'un tel prisonnier, flottait entre deux partis contraires : celui de la clémence et celui de la répression rigoureuse. Enfin, le parti militaire, personnifié surtout dnas les deux généraux La Marmora et Cialdini, l'emporta dans le cabinet, et la *Gazette officielle* du royaume annonça que les auteurs du mouvement d'Aspromonte seraient traduits devant une cour d'assises. Mais il s'éleva dans toute l'Italie, contre cette mesure, un tel cri de réprobation et des protestations si vives, que le ministère dut la rapporter presque aussitôt, en proclamant, par décret du 5 octobre suivant, une amnistie qui ne fut pas malheureusement étendue à tous, ni promptement exécutée à l'égard de beaucoup, ainsi qu'on le verra bientôt.

Malgré les soins si efficaces du docteur Nélaton, la blessure de Garibaldi fut longue à se fermer; et ce ne fut que l'hiver suivant qu'il put être transporté encore très-souffrant à Caprera, où nous allons le retrouver.

Un mot seulement sur sa récente conduite envers son agresseur d'août 1862, le colonel Pallavicini, fait général pour ce coup de main, et depuis spécialement chargé de donner la chasse aux brigands des Calabres. Garibaldi, le jugeant avec raison homme d'action pour la guerre particulière qu'il s'agit de faire avec les volontaires italiens, n'a pas hésité à le demander au gouvernement pour commander l'une de ses divisions. Par ce trait tout à fait antique, Garibaldi a une fois de plus prouvé combien il est au-dessus des haines, des rancunes et, en général, des mesquines passions humaines, et combien il est toujours prêt à faire abstraction de sa personnalité, quand il s'agit de l'Italie.

V

GARIBALDI A CAPRERA

AVANT-PROPOS

L'illustre solitaire de Caprera n'aime pas les visites. Cela se conçoit : c'est la tranquillité et non la foule qu'il est venu chercher sur son âpre rocher. Cependant sa gloire universelle est faite pour lui valoir de tous les côtés, même là, un empressement et une affluence très-capables, malgré le sentiment dont ils procèdent, de devenir importuns.

Pourtant le général fait des exceptions, et ce fut par le bénéfice de l'une d'elles que j'eus, l'été dernier, le grand honneur d'être fort cordialement accueilli par lui.

Quant aux mobiles qui me guidèrent dans cette démarche, les voici :

J'ai toujours été un très-grand admirateur de l'élévation d'âme, de l'héroïsme et de toutes les mâles vertus de Garibaldi. Les lecteurs de journaux se souviendront peut-être que je fus un des plus ardents et plus confiants défenseurs de ce grand homme, alors trop volontiers traité encore de flibustier et de pirate, lors de son immortelle campagne des Deux-Siciles, sans pair dans l'histoire, et plus fabuleuse que l'expédition des Argonautes. Depuis, je fis la connaissance personnelle du général, lorsqu'au printemps de 1861 il vint recueillir à Turin l'ovation la plus inouïe dont cette ville froide ait jamais été témoin. Je le vis pour la première fois en compagnie de M. Henri Martin, et ensuite avec son ami dévoué, M. Mauro Macchi, député au parlement et publiciste de mérite. Dans ces deux entrevues, il fut très-gracieux, très-accueillant, très-amical. Il me chargea de bien expliquer en France, toutes les fois que j'en aurais l'occasion, qu'il était loin d'avoir pour nous les sentiments qu'on lui prêtait, et que, s'il avait des griefs et des sujets d'amertume, ils ne nous regardaient point. J'étais tout près de lui durant la grande lutte parlementaire de trois jours qu'il soutint peu après contre le comte de Cavour, lutte que je ne veux juger aujourd'hui d'aucune sorte, et il parut bien aise que la presse française fût représentée à ce débat.

Après ces précédents et dans ces souvenirs toujours très-vivants pour moi, je me fusse reproché d'aller en Italie sans saluer le héros. Il y avait un voyage supplémentaire à faire, un vrai voyage; mais cela n'était point fait pour m'arrêter, bien loin de là. Mon intention était de lui écrire de Florence pour lui demander néanmoins la permission de l'aller voir et de lui remettre en main la lettre dont j'étais pour lui porteur. Mais mes amis Pulsky et Dall'Ongaro, qui sont aussi les siens, me dirent que c'était inutile; qu'il ne fallait pas lui mettre la main à la plume sans nécessité; que je n'avais qu'à m'embarquer pour Caprera au premier jour, et que très-certainement il me recevrait bien.

C'est d'après cet avis que je pris le parti de monter sans autre forme, le 16 juillet dernier, à bord du paquebot *Sardegna*, de la Compagnie Rubattino, de Gênes, qui fait chaque semaine le service entre cette ville et Porto-Torres en Sardaigne, avec relâches intermédiaires à Livourne, où je l'accostai, à Bastia et à la Madeleine, qu'un bras de mer seulement sépare de Caprera.

I. — DE LIVOURNE A LA MADELEINE.

Le paquebot *la Sardegna*, qui fait continuellement et seul le dur service de Gênes à Porto-Torres, est un bon bâtiment, convenablement installé, mais qui ne durera pas longtemps, car il est toujours à la mer. C'est lui qui servit à transporter, de Gênes à Caprera directement, l'illustre blessé d'Aspromonte, dès lors sauvé par le coup d'œil d'un grand chirurgien français, mais encore extrêmement malade. Le salon dit des Dames, assez confortable, lui servit dans le trajet de chambre d'hôpital. Le bâtiment, qui est postal, ne peut, à cette cause, dévier de ses escales officielles; mais le gouvernement permit, par exception, que cette fois la *Sardegna* touchât à Caprera même.

Ce passage du héros a été comme une sorte de consécration donnée au bâtiment, et le souvenir en revient en toute occasion. Chacun lui est dévoué à ce bord, commandé par le capitaine Caranza, vieux loup de mer, bourru, taciturne et brusque, quoique bon au fond, j'en suis certain, qui ne recouvre la parole et ne s'anime jusqu'à l'expansion que lorsqu'il parle de son ancienne connaissance de Montévideo et de l'objet de son admiration constante, Garibaldi, dont il a fait danser les enfants sur ses genoux. — « Patience, patience! dit-il en ces instants-là. Il n'a pas dit son dernier mot. On verra, on verra plus tard! »

Puis il se répand en éloges, bien mérités d'ailleurs, sur ces mêmes enfants qu'il a vus si petits et qui, grands, sont restés ses amis personnels. Il vante avec raison leur douceur, leur bonté et le magnifique et sympathique organe qu'ils tiennent de leur père, dont la voix sonore est la plus belle qui ait jamais frappé oreille humaine. En un mot, l'attendrissement de ce bonhomme, bronzé à tant de climats, de soleils et surtout d'ouragans divers sur toute la famille, a quelque chose de touchant et de communicatif en sa mâle, sobre et plus que sérieuse expression.

La Compagnie Rubattino, dont il relève, a toujours eu aussi un culte pour le général. C'est elle qui, on s'en souvient, fournit les deux paquebots, le *Lombardo* et le *Piemonte*, sur lesquels s'embarquèrent les Mille. C'est, si je ne me trompe, aussi à elle qu'appartenait le bâtiment qui transporta, avant Aspromonte, le général et ses valeureux *picciotti* de Catane à Mélito en Calabre, d'où ils gagnèrent la montagne. Je tiens de M. Pulsky, qui faisait partie de l'expédition, d'assez piquants détails sur cette audacieuse et très-énigmatique traversée. L'énigme est dans les circonstances singulières qui s'y rattachent.

Le bateau était si plein qu'il était en danger de couler par le moindre grain, et un autre péril plus grand encore était celui qui résultait du voisinage signalé de plusieurs grandes frégates de guerre italiennes. Aussi le général dut-il donner aux 3 500 volontaires entassés sur le bâtiment l'ordre de ne pas faire un mouvement, de ne pas fumer et surtout de garder un silence profond.

On lui répondit par les cris de : Vive l'Italie! et de : Rome ou la mort!

— Silence! dit-il encore.

— Vive le général! s'écrièrent tout d'une voix ces bouillants et dévoués jeunes gens que n'avaient entamés ni une chaleur torride ni une soif peut-être encore plus brûlante et impossible à étancher.

Si les bâtiments de guerre qui croisaient à portée n'entendirent et ne virent rien, c'est qu'ils y mirent de la mauvaise volonté. Ce qu'il y a de certain, c'est qu'on les vit bientôt l'un après l'autre s'éloigner et laisser la mer libre aux hardis passagers, circonstance qui, bien qu'on en ait, est faite pour donner beaucoup à réfléchir.

Malgré son insuccès, cette descente en Calabre resta très-populaire dans l'Italie méridionale, et particulièrement à Naples. On en peut juger par ce trait : quelque temps après la catastrophe, le même M. Pulsky, fait prisonnier à Aspromonte et relâché après une courte captivité, eut à se rendre dans cette ville où il avait été détenu. On lui demanda son passe-port, et, comme il n'en avait point, on le conduisit pour s'expliquer devant l'un des chefs de police.

— Mais, dit M. Pulsky, vous me connaissez bien. Vous m'avez eu dans vos prisons il y a quelques mois à peine; vous savez à la suite de quoi.

— Ah! vous avez été prisonnier ici? lui dit le fonctionnaire. En ce cas, c'est bien différent. Vous êtes des nôtres et vous n'avez pas besoin de passe-port. Soyez le bienvenu; entrez et circulez tout à votre aise.

Et en effet, sur cette neuve et bizarre recommandation, M. Pulsky fut tout de suite admis à la libre pratique.

Revenons à la *Sardegna.*

C'est le 16 juillet, à dix heures du matin, qu'elle quitte la rade de Livourne par un ciel magnifique et une mer *comme d'huile,* suivant l'expression provençale. Parmi les passagers, assez peu nombreux, nous avons des commerçants de Gênes, un jeune et extrêmement aimable rédacteur de l'*Opinione,* M. d'Archaïs, qui se rend en Sardaigne, son île natale; un autre très-jeune et déjà très-remarquable journaliste de Gênes, M. Luciani, allant comme moi à Caprera; quelques femmes et leurs enfants; une jeune sourde-muette de la plus charmante figure; enfin, deux capucins changés de résidence par ordre de leur général. Est-ce pour méfait? je l'ignore, mais ils ont l'air braves gens. L'un d'eux surtout s'occupe assidûment d'avoir l'œil aux ébats et sauts périlleux des enfants que ne surveillent pas assez des mères indolentes ou endormies et qui pourraient bien se précipiter à la mer à force de grimper le long du bordage et quelquefois de l'enjamber.

Nous avons un jour et une nuit à naviguer ainsi jusqu'à la Madeleine.

Bien que peu étendu, ce parcours ne laisse pas d'offrir un réel intérêt.

Nous rangeons d'abord, en la laissant à notre droite, l'île de la Gorgone, à dos rond massif qui la fait apercevoir distinctement des côtes de Livourne et de Pise. C'est l'asile dénudé, âpre et mélancolique d'une cinquantaine de pauvres pêcheurs d'anchois.

Puis, nous ne tardons pas à reconnaître à gauche Porto-Ferrajo, et le promontoire large et élevé qui forme l'extrémité nord de l'île d'Elbe, de fatidique mémoire. Derrière ce promontoire, et en s'étendant vers le sud, le territoire de l'île s'abaisse sensiblement et devient à peu près plat. Porto-Ferrajo, le port principal de cette illustre prison historique, sert aujourd'hui de bagne. De cette geôle insulaire, Napoléon pouvait voir quotidiennement la Corse, son berceau, dont les montagnes septentrionales, terminées par le cap Corse, commencent à se profiler devant nous. Le lieu de la prison était mal choisi. La Sainte-Alliance n'avait sans doute pas pensé qu'il y avait là un raffinement de supplice qui, tôt ou tard, pousserait un homme de cette trempe à quelque coup désespéré, et son intérêt même eût dû porter M. de Metternich à choisir pour l'auguste reclus quelque autre *expression géographique.*

En face à peu près de Porto-Ferrajo, nous serrons de très près, à droite, l'île de Capraja, plus étendue que celle de la Gorgone, et peuplée d'environ huit cents habitants. Capraja, Caprera, Caprara, Cabrera, Capri, quoique lieux distincts, signifient même chose : îles rocheuses et escarpées, bonnes pour les chèvres et, en effet, hantées pour la plupart par des troupes de chèvres sauvages. Celle de Capraja, qui a trente kilomètres de pourtour, est assez longue à défiler, et se termine à sa pointe ouest par une tourelle pittoresque que l'on a surnommée la *Torretta del cenobita,* quoiqu'il n'y vive aucun ermite, mais parce que le ton rouge-brun du sol sur lequel elle s'élève rappelle, à ce qu'on trouve, la couleur d'une robe d'anachorète.

Nous approchons de plus en plus de la Corse, et bientôt nous commençons à la longer du nord au sud, et d'assez près. L'espèce de divination qu'a eue Rousseau en ce qui la concerne, et qu'il a consignée dans le *Contrat social,* me revient alors en mémoire : « La Corse n'est qu'une petite île, mais je ne sais pourquoi j'ai le pressentiment que cette petite île étonnera le monde. »

Il est incroyable, d'ailleurs, le rôle des îles en ce monde. On les dirait prédestinées et douées de conditions spéciales pour produire les grands événements, faire naître ou abriter les grands hommes. Nous en verrons bientôt une autre qui tient déjà assez bien sa place en ce genre et où il sera fait bien des pèlerinages par la postérité, et je rends grâce au contraste et au hasard géographiques qui mettent dans le même jour, à la portée de ma vue, les îles d'Elbe, de Corse et de Caprera.

A quatre heures, nous sommes à Bastia, et jusqu'à plus de cinq le mouillage de la *Sardegna*, à portée de fusil de la ville, me permet d'en saisir non-seulement le panorama, mais chaque détail. Tout s'y résume en somme en une ligne de quais larges et bordés de maisons blanches et vastes. Un Corse (de Bastia), — car on n'ignore pas qu'il y a grande rivalité entre cette ville et Ajaccio, — me montre avec orgueil ce qu'il dit être « la plus belle maison de la Corse. » Cet immeuble, immense en effet, ressemble à s'y méprendre à une belle caserne. Ce qui est plus intéressant, c'est, à l'extrémité nord de ces beaux quais, la statue en marbre et pédestre de Napoléon Ier, par le grand sculpteur florentin Bartolini, à qui elle avait été commandée par le premier Empire et qui, restée près de quarante ans dans l'atelier de l'artiste, fut enfin cédée par lui à très-bon compte aux habitants de Bastia.

Neuve comme une cité qui n'aurait point d'histoire, cette jolie petite ville s'étage au bas d'une haute montagne verdoyante et toute semée jusqu'au faîte de blanches villas et bastides.

La Corse n'est pas si petite, quoi qu'en dise Rousseau, car jusqu'à demain matin nous allons en suivre les côtes. La nuit arrive. La mer, déjà phosphorescente, fait jaillir des milliers de ses lucioles propres sur chacun des flots écumeux que soulève la roue du paquebot. La veille et la causerie sur le pont se prolongent aussi avant que possible dans une soirée splendide. Enfin, de guerre lasse, on va dormir un peu, et le lendemain matin, un peu après l'aurore, on se réveille dans le port de la Madeleine.

La *Sardegna* passe là une ou deux heures et s'achemine ensuite à Porto-Torres, qui est le port de Sassari, enfoncé à une ou deux lieues dans les terres. Elle ne repassera que dans trois jours à la Madeleine.

Un jour, Pascal Duprat, qui habite l'Italie, et un de ses amis, voulurent aller visiter Garibaldi. Ils prirent à Gênes un bâtiment qui se rendait à Sassari, pensant que de là ils gagneraient facilement la Madeleine. Ils se trompaient. On leur apprit qu'il fallait, pour gagner les approches de Caprera, trente heures de chevauchée à travers les forêts, avec infiniment de chances d'être attaqué, dévalisé et peut-être tué en route. Bien entendu, ils renoncèrent à ce mode de locomotion. Il ne leur restait plus que trois ou quatre jours à passer là pour y attendre l'arrivée de la *Sardegna*. Que faire en attendant? Ils se promenèrent beaucoup, mais ce n'était pas suffisant.

D'un autre côté, les allées et venues perpétuelles de ces deux étrangers, de ces deux Français, ne laissèrent pas d'exciter l'attention et le soupçon. C'était au temps où courait le bruit, fondé ou non, que le gouvernement français convoitait la Sardaigne. On supposa que c'étaient des agents secrets qui venaient étudier le pays et préparer l'annexion. Les soupçons se changèrent en presque certitude lorsque l'on vit les deux amis acheter, dans l'unique librairie du lieu, un vénérable exemplaire, unique aussi et invendu depuis vingt ans, d'une histoire et d'une description de la Sardaigne, ouvrage fort cher, puisqu'ils durent le payer 50 francs; mais ils avaient soif d'apprendre quelque chose et de donner satisfaction à leur cerveau et quelque repos à leurs jambes lassées du plaisir stérile de courir.

Plus de doute sur leur compte. Ils complètent leur étude sur le pays en faisant des folies pour acheter un livre dont ne s'est soucié aucun Sarde, et demain évidemment ils feront un rapport au gouvernement français. Les têtes fermentent. Peu s'en faut qu'on ne leur fasse, sans qu'ils s'en doutent le moins du monde, un mauvais parti. On envoie en tout cas un exprès à Caprera, où ils ont annoncé l'intention de se rendre et où l'on croit devoir prévenir le général de l'arrivée prochaine de ces deux espions. A Caprera, on s'émeut aussi et on s'apprête à recevoir comme ils le méritent les deux aventuriers, lorsque enfin la figure connue de Pascal Duprat dissipe par son apparition toutes les alarmes et met un terme au quiproquo.

Ces circonstances tendues et quelques autres ont rendu particulièrement délicat et méticuleux aux Français l'abord de ces parages. Pascal Duprat, son compagnon de route et moi, sommes d'ailleurs, je crois, les seuls de notre pays qui ayons encore visité, sur son rocher l'Aratus, le Cincinnatus de Caprera.

II. — LA MADELEINE.

La Madeleine fait partie, ainsi que Caprera, du véritable archipel d'îles, d'ilots et d'écueils qui parsèment le dangereux détroit des bouches de Bonifacio, par lequel la Corse est séparée de la Sardaigne. Les vents d'est et d'ouest s'engouffrent successivement avec furie dans ce passage et y créent deux courants rapides en sens contraire qui forcent les navigateurs à se tenir dans le milieu du détroit, de peur d'être portés soit sur les îles de Sardaigne, soit sur celles de Corse, qui sont les plus dangereuses.

Les principales des îles composant ce système sont, en venant du nord et en suivant d'abord, puis en dépassant le littoral oriental de la Corse, Porraja, Ratino, Piana, Cavallo, Lavezzi; plus au sud-est, Razzoli, Bodelli, Sainte-Marie, les îles Barettini, Spargi, Spargiolo, et enfin, tout contre les côtes de Sardaigne, le groupe serré des trois îles de la Madeleine, de San-Stefano et de Caprera.

Les eaux de toutes ces îles sont hérissées de brisants on ne peut plus à redouter par leur nombre infini et la quantité de ceux que recouvré la mer superficiellement, avec trop peu de fond pour que les navires puissent y passer impunément. De ce nombre est l'un des écueils de Lavezzi, nouvellement signalé, que dissimulent huit pieds d'eau.

Ces récifs ont beau être étudiés, relevés avec un soin trop concevable, un malheur est toujours à craindre dans ce milieu inhospitalier, surtout quand la mer est mauvaise. C'est ce qu'on vit trop en 1854, lors de la perte totale de la *Sémillante*, l'une de nos grandes frégates qui se rendait en Orient chargée de troupes. On l'avait vue donner dans le détroit avec une rapidité extrême, poussée qu'elle était par un vent très-violent ; puis, tout à coup, elle disparut et il ne fallut pas trois secondes pour qu'elle sombrât, ou pour mieux dire se brisât comme verre, en mille pièces.

Il ne s'en sauva pas un homme, et la mer ne rendit le lendemain et jours suivants que des cadavres et de menus morceaux de bois. On fut longtemps à se rendre compte de ce terrible naufrage. Le général Garibaldi, à qui toutes les mers du globe sont familières, me l'a expliqué par la difficulté de bien gouverner sous le coup d'un ouragan pareil à celui qui soufflait et par cette circonstance calamiteuse que la mer en furie recouvrait d'énormes lames même les brisants qui sont habituellement visibles. La *Sémillante* donna sur l'un d'eux avec une force d'impulsion incalculable et fut détruite à l'instant même.

Plus paisibles sont, par bonheur, habituellement du moins, les eaux de l'espèce de rade naturelle que forme au regard du nord, de l'est et du sud, entre la Madeleine, Caprera et San-Stefano, le triple rempart de ces îles et de leurs montagnes, renforcé au sud par les hautes cimes du littoral de la Sardaigne. Le vent d'ouest, de nord-ouest surtout, y reste à craindre par le large chenal ouvert à son invasion; mais il doit y être pourtant plus incommode que dangereux, puisque Nelson et sa flotte passèrent, au commencement de ce siècle, deux années consécutives dans cette rade, dont le fond est plus que suffisant pour recevoir partout les vaisseaux du plus haut bord, mais en avant de la Madeleine seulement.

Ce n'est pas que les eaux de Caprera n'aient aussi par places une grande profondeur, mais dans le passage qui y conduit de celles de la Madeleine, le fond diminue jusqu'à vingt, quinze ou même douze pieds, de sorte que les grands navires ne peuvent songer à mouiller là, faute d'y pouvoir accéder par cette voie et encore moins par le canal de la Monnaie, qui mène de Caprera à la haute mer, et où se trouve la petite île de Giardinelli, formidablement défendue par des brisants immergés.

Du petit port, ou plutôt de la darse de la Madeleine, on a donc devant soi l'île de San-Stefano, où il n'existe guère qu'un fort, celui de Saint-Georges ; plus au sud, la pointe élevée et rocheuse de Sardaigne, qui a reçu le nom de *pointe de l'Ours*, à cause, dit-on, de l'extrême ressemblance, qui ne m'a point frappé, de cette proéminence granitique avec le plantigrade ci-dénommé, et enfin à sa gauche et à l'est, Caprera, à mi-côte de laquelle se dessine la blanche habitation du général.

L'île de la Madeleine, dont le pourtour est d'environ vingt-cinq kilomètres, compte une population de 1,500 à 2,000 habitants, dont le principal, ou, pour mieux dire, l'unique centre est la petite ville connue sous le même nom que l'île et où nous venons d'aborder. En dehors de ce centre, on n'y trouve plus que des habitations isolées. Comme toutes les îles des bouches de Bonifacio, elle est extrêmement rocheuse, et n'est exceptionnellement cultivable que par places. Pourtant, on y récolte la plupart des produits nécessaires à l'alimentation de l'île, et particulièrement du vin excellent, mais par très-petites fractions, comme en Corse, où les viticoles se contentent de faire, en cent crus divers, quelque chose comme cent ou deux cents litres de vin par propriétaire, ce qui rend tout commerce impossible sur ces produits, cependant fort remarquables.

Le sang y est fort beau, d'un type particulier, qui, malgré le proche voisinage de la Sardaigne, n'a nul rapport avec celui de cette grande île. Les médisants prétendent que, depuis l'hivernage prolongé de Nelson et de ses marins, et pour une contrée si méridionale, il y a bien des blondes dans l'île. Je dis des blondes seulement, parce que, pour ce qui est des hommes, il est difficile de juger de leur couleur capillaire. Il n'en est point, pour ainsi dire, à la Madeleine. Soit vocation, soit ennui d'un séjour en effet assez peu attrayant, ils se font presque tous marins.

C'est donc là un petit royaume d'amazones grandes et belles, et toutes garibaldiennes, toutes

portant la chemise rouge, sinon à l'ordinaire, au moins à certains jours consacrés par le souvenir des grandes actions du héros.

La petite ville de la Madeleine est mieux bâtie et de plus de ressources qu'on ne s'attendrait à la trouver à cette extrémité du monde policé et dans un pays si sauvage. Des étrangers sont venus s'y fixer par goût, entre autres le capitaine irlandais Roberts, qui vit là depuis quarante ans et dont la maison confortable s'élève d'un des côtés du port. Les habitations sont blanches et avenantes. Quelques beaux arbres s'élèvent çà et là. L'église est plus monumentale que celles de la plupart de nos petites villes.

Comme c'est à la fois un dimanche et la fête du *Carmine*, j'y vois toute la population féminine en beaux atours. Quant à ce qui reste d'hommes dans la ville, on les voit accroupis durant le service le long des maisons, cherchant l'ombre et ne sonnant mot. Le soir, il y aura une procession en l'honneur du *Carmine*, et aussi contre le choléra et pour de la pluie, dont on n'a pas eu une goutte depuis trois mois et demi.

L'unique auberge du lieu est tenue par madame Raffo, mère de douze enfants, dont onze vivants, et particulièrement de quatre belles filles qui tiennent avec elle la maison, *great attraction* qui fait que, même sans voyageurs, l'auberge est toujours remplie. Un fils est entré dans la marine royale, où il est devenu officier, et l'on montre sa photographie en uniforme avec orgueil. Le reste de l'ornementation des deux chambres principales, des deux chambres d'honneur, se compose de lithographies de piété et de divers portraits de Garibaldi. Sans Caprera et le mouvement de va-et-vient qui s'y rattache, la pauvre petite hôtellerie serait bien gravement compromise. Le général ne peut recevoir tout le monde. Ceux qu'il n'invite pas à rester auprès de lui passent forcément chez madame Raffo les trois jours à dépenser entre l'arrivée et le retour du paquebot.

Là, il faut bien payer un peu pour les non-valeurs et pour la morte-saison. On dit que madame Raffo a fait surtout de gros bénéfices en 1860 et en 1861, après la conquête des Deux-Siciles, suivie de la retraite du héros dans son humble maison des champs, époque à laquelle on conçoit que les pèlerinages vers Caprera aient fait rage. C'était à qui viserait, sinon à l'ambition d'être reçu par le grand homme, au moins à celle de l'apercevoir de loin,

4.

et, à défaut de lui-même, de voir au moins son île.

Le fait est que madame Raffo a le profil un peu crochu, et ne réaliserait pas trop mal le type de la Meg-Merrilies de Walter Scott. Ses filles ont pareillement beaucoup d'aquilin dans le visage ; mais elles sont jeunes et superbes, et, de plus, d'un désir de plaire qui les rend fort agréables et fort gracieuses.

Le colonel Menotti, fils aîné de Garibaldi, était de la veille au soir descendu dans l'auberge. Il est dans l'habitude de venir ainsi chaque semaine à l'arrivée du paquebot pour recevoir le sac contenant les journaux et lettres à destination de Caprera, et en même temps reconnaître les arrivants, afin de juger s'il y a lieu ou non à ce qu'ils soient reçus par son illustre père. Vu l'heure fort matinale de l'arrivée du paquebot, il n'était pas encore levé à ce moment, et comme j'avais pour lui personnellement une lettre, je l'attendis quelques instants sans impatience en jasant avec les demoiselles Raffo.

Bientôt après on me dit : Voilà le colonel; et je vis entrer un grand jeune homme châtain, d'environ vingt-cinq ans, sans ressemblance marquée avec le général, si ce n'est un peu par les sourcils et les yeux, et l'organe surtout mélodieux et doux, à l'air sérieux, un peu froid même, mais de temps en temps faisant place à l'expression la plus aimable et au plus gracieux sourire. Je lui donnai ma lettre, il la lut sans mot dire; puis la conversation s'engagea générale et assez gaie entre lui, M. Luciani, mon compagnon de voyage, M. Pastore, un des plus fidèles soldats et amis du général, ancien officier de l'armée régulière et l'un des Mille, je crois, habitant de Caprera depuis deux ans, et moi enfin.

A la suite de cet entretien, il fut convenu que nous partirions tous ensemble pour Caprera quand le vent se lèverait, c'est-à-dire vraisemblablement dans l'après-midi. Le colonel avait son canot, bon voilier, et pouvant contenir huit ou dix personnes, mais encore fallait-il un peu de brise pour le faire avancer.

Chacun de ces messieurs alla à ses affaires, moi à la promenade, et, au moment fixé, le vent s'éleva en effet, mais contraire, *de bout*, comme disent les marins, ce qui ne nous empêcha pas de partir. Seulement, il fallut tirer des bordées, et le trajet fut le double de ce qu'il est ordinairement; mais je ne le regrettai point, tout au contraire, tant par l'agrément de la société de ces messieurs que parce que j'eus ainsi le temps de bien voir et la côte de la Madeleine et le littoral ouest de l'île de Caprera, dont nous nous rapprochions lentement en décrivant nos zigzags.

Un fort en bon état commande les rives de la Madeleine. Il a été construit au commencement de ce siècle et ne sert plus. Il est devenu château et a été acquis par la princesse Carola de Danemark, amie du général, qui y vient de temps en temps faire une villégiature.

A l'extrémité des mêmes rives et au point où elles se contournent pour remonter au nord, s'élève une jolie habitation bien blanche, bien riante et entourée de verdure. C'est celle de madame Collins, veuve d'un colonel anglais et autre amie du général.

De nombreux récifs affouillés par la mer et par le temps accidentent cette navigation, qu'il ne serait pas prudent de faire la nuit. Les uns sont réduits à l'état de lames minces que la vague a sculptées en creux dans les formes les plus bizarres; d'autres sont percés à jour et ont comme une fenêtre ouverte dans leur tranchante masse. Il en est un qui affecte la forme d'un éléphant beaucoup plus vrai que l'*ours* de la pointe culminante du littoral nord de la Sardaigne.

Nous entrons dans le passage qui mène à la haute mer. C'est là que les bordées redoublent avec virements incessants. Enfin, nous arrivons dans la petite rade ou le principal port de Caprera, où se balance l'*Ondine*, la jolie goëlette offerte au général par les Anglais, et qui lui sert de temps en temps à quelques excursions un peu plus lointaines que le périmètre nautique compris entre son île, San-Stefano et la Madeleine. Du reste, et à part ces rares occasions, il ne sort pas de Caprera.

III. — CAPRERA.

Avant d'aborder avec moi à cette île, désormais et pour toujours célèbre, que le lecteur veuille bien me permettre d'ajouter en peu de lignes quelques détails complémentaires au chapitre qui a précédé celui-ci.

La rade comprise entre la Madeleine, San-Stephano et Caprera est si parfaite que Nelson, qui eut le temps de la juger, n'hésite pas à la proclamer la meilleure qu'il y ait en Europe. « Quel beau havre, s'écrie-t-il dans sa correspondance, que cet archipel de la Madeleine !... C'est le plus beau qu'il y ait pour les vaisseaux de guerre... le plus beau port du monde, un port qui vaut Trinquemale. »

Le grand amiral anglais s'extasie d'ailleurs sur l'excellence des ports de la Sardaigne en général, et cependant chose singulière, malgré cet avantage insigne et son immense littoral, cette grande île ne compte presque pas de marins, tandis qu'à la Madeleine, si limitrophe, on a appris qu'il en est tout différemment.

C'est à la Madeleine, où il eut, paraît-il, assez longtemps un commerce et entrepôt de houille, que le futur conquérant et libérateur des Deux-Siciles conçut le projet d'acheter, pour s'y retirer dans un laborieux loisir, une partie des terrains de l'île de Caprera, projet qu'il réalisa en 1856.

Le pays doit bénir cette résolution qui a déjà tant fait pour le vivifier et qui a trouvé dans ces dernières années un imitateur dans M. le général Frappoli, ancien ministre de la guerre à Modène affranchie, et qu'en 1848 et 1849, nous avons eu en France à titre d'envoyé de la république romaine. Cet honorable général est devenu voisin de Garibaldi par l'acquisition de la totalité de l'île de San-Stephano.

Caprera, dont le pourtour est d'environ cinq ou six lieues, a à peu près, la forme d'une demi-lune dont le rentrant fait face à l'ouest et la ligne convexe à l'est. Elle a pour ossature une chaîne montagneuse et généralement très-aride qui la parcourt et la partage inégalement du nord au sud. A l'est et du côté de la haute mer, cette ligne de rochers surplombe presque à pic. Du côté de l'ouest, où s'élève l'habitation du général, est un plus grand espace, dont quelques parties susceptibles de culture.

Ces montagnes sont pittoresques et assez hautes. Chacune a un nom, comme d'ailleurs toutes les parties de l'île, quoique presque déserte, avant surtout que le héros libérateur y vînt planter sa tente, il y a moins de dix ans. C'est ainsi que la plus haute cime de cette chaîne s'appelle *Tijilone* ou *Tiggilone*, de *tegola* (tuile, toit, faîte, point culminant). Un autre de ces sommets se nomme *Arbitici*, parce qu'il est couvert d'arbousiers; un autre, *Guardia* (sentinelle, observatoire). Une déclivité intermédiaire, qui sépare ces pics ou mamelons a reçu le nom de *Bocca del meso* (bouche du milieu).

Toutes dénudées qu'elles sont pour la plupart, ces hauteurs escarpées nourrissent plus d'hôtes qu'on ne jugerait d'après leur apparence. Ce sont, outre des gibiers divers, soit sédentaires, soit de passage, des chèvres sauvages et des ânes sauvages aussi, extrêmement difficiles à prendre et d'une attaque dangereuse, car ils se défendent à outrance des dents et des pieds, avec de terribles morsures et de formidables ruades.

Les grands fauves, sangliers, cerfs, daims, ne se trouvent qu'en Sardaigne, où la petite colonie garibaldienne passe de temps en temps pour leur donner la chasse.

Le gibier de plume le plus abondant est la grive, qui se nourrit là du fruit du *stinco*, sorte d'arbuste qui n'est ni le myrte ni le genévrier, mais qui tient des deux.

La flore naturelle de l'île est d'ailleurs d'une énumération facile. Croissent spontanément là le myrte, l'arbousier, le *stinco*, le cactus par places, et l'*agaccio*, arbuste vert, très-répandu en Corse aussi, et du nom duquel le général estime qu'est venu celui d'Ajaccio.

Il y a aussi malheureusement, parmi les herbes

une plante ombellifère et proche parente de la ciguë, la *ferla*, dont les troupeaux sont fort avides, quoiqu'elle leur donne la mort. Elle a fait périr l'année dernière plus de quinze têtes de gros bétail appartenant au général, qui en possède une centaine trouvant leur nourriture dans d'assez bonnes prairies s'étendant surtout à l'ouest de l'île. Là, une vallée, notamment, m'a paru être la meilleure portion de ce territoire maigre, disputé à la fois aux rochers, aux vents d'ouest et à une sécheresse souvent aussi persistante que celle du Sahara ou de l'Égypte.

Le roc, en effet, est partout, et il faut prendre dans sa marche les plus grandes précautions pour parcourir tant soit peu l'île, sans quoi le pied butte ou tourne à chaque instant, au risque d'entorses ou même d'accidents plus graves.

— Allez doucement, me répétait toujours le général, quand il me rencontrait sur ses domaines. Et il avait bien raison.

C'est pourtant de ce sol ingrat que la persévérance et le courage du général ont tiré des cultures relativement importantes et de nature diverse dont je parlerai tout à l'heure. Mais achevons d'abord l'esquisse topographique de l'île.

Du côté de la haute mer, il n'y a guère de saillant à signaler dans les côtes que la pointe Galena, bien connue des marins, et au sud la pointe *Rossa*, aiguisant une sorte d'éperon que forme l'île avant de se terminer au midi. Près de là, est une échancrure intérieure, abritée du vent d'ouest par le Monte-Ficco et nommée Porto-Palma. C'est un mouillage à grande profondeur qui n'a à craindre que le vent du sud et qui doit être pour le moins aussi sûr que celui auquel nous avons atterri avec l'embarcation du colonel, et que le manque de fond rend moins abordable.

De ces deux mouillages, des chemins tournants, mais bien unis, bien sablés et en fort bon état, conduisent à la maison du général. Avant d'y arriver, on laisse à gauche un jardin formé principalement d'arbres fruitiers et de cyprès, excellent abri contre le vent. Puis on arrive à une vaste cour régulière et quadrangulaire dont le centre est occupé par un figuier soigneusement protégé, à l'aide d'un entour ou véritable balustrade composée de broussailles sèches.

Les bâtiments, considérables, bordent trois côtés de cette cour. Celui du milieu, exposé à l'est et faisant face aux montagnes de Caprera, est l'habi=

tation propre du général et de sa petite colonie. Il se compose simplement d'un rez-de-chaussée et d'un étage, mais il a été doublé récemment au moyen de l'adjonction d'une aile au nord. Les autres constructions sont, à droite, des magasins et des remises ; à gauche, des écuries et des étables contenant les chevaux du général alors au nombre de cinq (mais on sait que, depuis, le besoin d'argent l'a forcé de vendre ses deux arabes) et des bœufs ou vaches du continent et de Sardaigne, de races, de tailles et d'apparences bien différentes. Les chevaux sardes qui restent maintenant au général sont de très-bonne nature, analogues à nos excellents barbes de l'Algérie, comme eux sobres, infatigables, et d'une sûreté de pied bien précieuse dans le parcours de ce pays si hérissé d'anfractuosités de tout genre.

Il y a encore un pigeonnier, une basse-cour très-complète, une machine à vapeur pour moudre le blé, un four à pain, des meules de foin surmontées de paratonnerres. On se croirait dans une grande métairie de France, et tout indique ici le soin, l'ordre, le travail, la précaution, la régularité. La propreté partout est exquise. A quelques centaines de pas du logis, se distingue dans la montagne une petite maison de fer ; c'est le laboratoire chimique de Ricciotti, le second fils du général, jeune homme fort studieux, adonné aux sciences naturelles et les cultivant avec passion. De l'autre côté de la maison du général, celui qui fait face à la mer, s'élève un mât de pavillon. C'est le duc de Sutherland qui, dans sa dernière visite au général, l'a fait dresser par les marins de son yacht, afin que l'on pût répondre de Caprera au salut que les navires passant par là ne manquent pas d'adresser au glorieux solitaire.

J'ai appris en route par le colonel Menotti que l'île produit principalement de l'orge, du blé et du fourrage, avec un peu de vigne dont l'oïdium malheureusement contrarie beaucoup le rendement et la croissance. Tout cela, jusqu'ici, procure, malgré les efforts faits, un assez petit revenu sur lequel vivent le général, sa famille et les compagnons d'armes qu'il aime à avoir et à retenir près de lui. On a dit que c'était une cour ; en tout cas, elle est bien modeste, quoique décente et ordonnée on ne peut mieux. On n'y tient point le langage et on n'y pratique pas les habitudes de Saint-Germain ni de Versailles, et le général n'a pas besoin des mises en scène louis-quatorziennes pour commander à c qui l'entoure l'amour et le respect. Tel est son prestige que l'un des jeunes habitants de Caprera me disait de lui et cela aussi sincèrement que véridiquement, à coup sûr : « Il ne tiendrait qu'à lui d'être le Vieux de la Montagne de l'époque. Tel est notre dévouement, tel est son empire sur nous, que, quelque chose qu'il nous commandât, nous serions tous prêts à obéir aveuglément. »

La plus grande partie de l'île lui appartient; mais il ne la possède pas toute. Il y a quelques autres propriétaires çà et là, et pendant mon séjour à Caprera, il est venu à la maison du général un bon vieux en habit noir et cravate blanche que l'on m'a désigné comme l'un de ces propriétaires et comme vivant sur l'île depuis soixante ans. C'est M. Susini qui fut chargé par le général d'acheter par lots sa propriété dans l'île, acquise à bon compte et pour cause.

Pendant que j'examine tout avec une curiosité permise en tel lieu et un intérêt bien grand, Menotti est allé trouver son illustre père à ce moment rentré des champs, lui porter les dépêches du jour, lui rendre compte des arrivées et prendre ses ordres. Peu après il vient me trouver et m'annonce que le général veut bien m'attendre dans sa chambre.

IV. — LE GÉNÉRAL.

Le principal corps de logis est divisé, au rez-de-chaussée, en deux parties égales par le couloir d'entrée : à droite est la salle à manger, à gauche la chambre du général.

Cette chambre, dans laquelle j'avoue bien franchement que j'entre avec émotion et comme dans un sanctuaire, est très-simple; elle est éclairée par deux fenêtres ouvrant l'une au levant et l'autre au nord; elle a pour ameublement d'abord le lit de souffrance incliné où le général endura si longtemps les suites de sa terrible blessure; son lit actuel où, grâce à Dieu, il n'est plus assujetti aux mêmes précautions ni aux mêmes tortures; une armoire, un fauteuil de cuir devant un bureau de travail, une assez grande quantité de livres, une baignoire recouverte d'un rideau formant dôme; aux murs sont appendus, avec un thermomètre et un baromètre, des portraits de garibaldiens morts en combattant pour la patrie, mais aucune image du général lui-même.

C'est dans cette chambre et dans les champs que le général passe sa vie, toujours seul, à moins qu'il n'appelle un de ses enfants, son secrétaire ou quelqu'un de ses compagnons d'armes et de résidence. Comme tous les grands êtres de la création, il est de nature solitaire : il l'est comme le lion, notamment, qui le symbolise au moral et auquel il serait presque exact de dire qu'il ressemble physiquement. Il se lève au point du jour, va surveiller les travaux de ses ouvriers agricoles, rentre à midi pour le repas, se rend ensuite dans sa chambre, y lit, écrit et fait quelquefois la sieste, dans l'été, au moins. Il retourne aux champs le soir, et aussitôt après la collation de huit heures se retire de nouveau dans son appartement, où il se livre encore à la lecture et au travail jusqu'à une heure assez avancée de la nuit. Dans ce moment, il étudie passionnément ou, pour mieux dire, approfondit les mathématiques et l'astronomie. Il dit que, à ses yeux, Newton est le plus grand poëte du monde, et lui-même est inconsciemment poëte de cette façon-là.

On dit qu'il a choisi pour sienne au firmament l'étoile nommée *Arthur*. Je n'en sais rien et ne lui en ai pas parlé, mais j'estime que, en tout cas, ce ne peut être de sa part qu'une question de sentiment, un peu mystique, si l'on veut. Je ne le crois nullement fataliste, et suis persuadé qu'il laisse cela à ceux qui conquièrent pour conquérir. Superstitieux, il ne peut l'être avec l'état qu'il fait des gens qui, parmi nous, vivent de la superstition. Sa haute raison d'ailleurs suffirait amplement à le préserver de ces faiblesses.

C'est ici le cas de réfuter une fois pour toutes les erreurs, sincères ou non, circulant, et accréditées jusqu'à un certain point sur le compte de cet homme extraordinaire. Personne ne lui conteste aujourd'hui l'héroïsme et le désintéressement poussé jusqu'à l'idéal. Mais ne pouvant plus l'entamer sur ces points comme on a si longtemps essayé de le faire, on se rabat sur la question d'intelligence et on nie sa capacité. On le représente comme un soldat sublime, soit, mais grossier, illettré, ne sachant tenir absolument que le révolver ou le sabre.

Or, il suffit d'avoir seulement lu une demi-douzaine de lettres de Garibaldi pour être convaincu que ce portrait est de pure et de mauvaise fantaisie. Que l'on demande aux femmes distinguées qui lui écrivent et à qui il répond s'il est vrai qu'il ait les pensées et le style d'un soudard, et si, au contraire, toutes les délicatesses aujourd'hui presque universellement perdues des temps les plus courtois, les plus chevaleresques, ne se rencontrent pas d'abondance sous sa plume.

Un marin distingué comme lui, un homme qui a vu le monde entier, qui parle parfaitement toutes les langues de l'Europe, qui écrit des proclamations que n'eût pas désavouées, comme jet poétique et éclat de pensée, le vainqueur de l'Italie et de l'Égypte, et qui sait être bon orateur au besoin, — j'en puis certifier, — n'est pas, *ipso facto*, un homme médiocre.

Mais il y a bien autre chose, et je crois avoir étudié, soit intuitivement, soit personnellement, soit de loin, soit de près, assez cette nature si au-dessus du commun des mortels pour attester ceci : comme la plupart des grands hommes, il est plein de contrastes et réunit en lui les qualités les plus contraires. Nous avons beaucoup loué Manin d'être fin et franc à la fois. Ce dualisme s'applique en toute sa plénitude au général Garibaldi. Il pousse le courage personnel jusques et par delà les limites connues. En même temps il est circonspect, rusé même. — « C'est un Peau-Rouge, » me disait de lui Dall'Ongaro. Il est grand général dans la sphère où il se meut, et ses constants et incroyables succès militaires le prouvent surabondamment. Avec peu d'éléments il fait de grandes choses, et n'est-ce pas de cela que Napoléon Ier louait surtout Turenne, dans son jugement assez compétent sur les grands capitaines de tous les siècles?

Sans cette finesse, sans ce sang-froid qui le caractérisent à un si haut degré, comment eût-il pu jamais échapper, dans son épique et tragique retraite de Rome en 1849, à trois armées qui le cernaient, française, napolitaine, autrichienne, et parvenir seul au salut par des épreuves et au milieu de dangers inénarrables, après la perte ou la fuite de tout ce qui l'environnait?

Il est à la fois bouillant et patient, emporté parfois et foncièrement doux, incapable de tromper qui que ce soit au monde, mais habile autant que possible à dérouter son ennemi. Il est homme d'action et il aime l'étude. Les champs de bataille et les champs qui nous font vivre ont pour lui un égal attrait. J'oserais même certifier que, s'il aborde les premiers d'une ardeur irrésistible et sans pareille, c'est bien moins par goût que par nécessité, et qu'il préfère les seconds.

Dans bien des questions très-graves intéressant son pays, il a vu plus clair que nombre de gens qui se tiennent pour grands politiques, en le rabaissant fort lui-même sur ce chef. Amoureux de sa patrie, il est pourtant l'homme de Térence, et rien de l'humanité ne lui est étranger, indifférent encore moins.

Militaire, marin, agronome, écrivain, orateur, il est propre à tout; et, sans parler d'une vertu incomparable, vénérée et admirée du monde entier, je demande à tout homme de bonne foi si ce sont là les signes de la médiocrité.

Bien loin de là, Garibaldi est doué, comme les grands Italiens de la Renaissance et de la fin du moyen âge, des plus diverses aptitudes.

Je suis charmé de le trouver non changé et non vieilli depuis 1861, malgré la cruelle blessure dont il a eu tant à souffrir dans l'intervalle, et des suites de laquelle je m'informe aussitôt.

— Je vais bien maintenant, dit-il, je ne souffre plus; mais il m'est resté dans le pied une roideur qui me force à me servir en marchant d'un bâton.

Le fait est que le général boite d'une façon assez sensible.

— Cela passera, lui dis-je.

— Oh! non. Si j'avais vingt-cinq ans, cela serait possible, mais je suis maintenant un vieux corps.

L'aspect du général, son athlétique carrure, son visage uni et vermeil démentent cette appréciation pessimiste de lui-même.

— Pourtant, reprend-il, je me sens encore plein de force et prêt à agir à l'occasion. Mais il n'y a rien à faire, en ce moment du moins. L'Italie dort.

— C'est vrai, lui dis-je; elle est dans la situation d'un homme qui, ayant fait de grands efforts, se sentirait momentanément épuisé et aurait besoin de repos.

— C'est parfaitement cela. Aussi je lui pardonne.

— En revanche, la France se réveille.

— En vérité?

— En vérité.

Le général n'est pas et ne paraît pas avoir jamais été bien au courant du mouvement de notre presse. Il reçoit à Caprera beaucoup de journaux italiens, anglais, américains, mais peu ou point de feuilles françaises. Quand il faisait ses grandes actions, il ne savait même pas quels étaient ses amis et ses ennemis en France, et il ne l'a appris que plus tard, et encore assez vaguement.

— Nous n'avions pas le temps de lire les journaux, me disait un jour à ce sujet le général Turr.

— Vous les faisiez, lui dis-je, ce qui valait bien mieux.

— Vous venez de Florence, reprend le général. Qu'en pensez-vous?

— Comme capitale?

— Oui..

— J'ai beaucoup étudié cette ville à ce point de vue : je la tiens pour la capitale la plus impossible qui soit et le plus sûr chemin de Rome.

Ce nom de Rome a toujours le privilége de remuer l'âme du général, et je m'en aperçois sans peine à l'expression de son visage. Pendant mon séjour à Caprera, il a dit à M. Luciani, l'accompagnant dans une promenade :

« J'éprouve pour Rome une passion indomptable. J'ai été blessé trois fois pour elle, et je ne l'en aime que mieux ! »

Il est à remarquer que Caprera, située par le 41ᵉ degré de latitude, est juste en face de Rome et seulement de quelques minutes plus au sud que la ville éternelle.

Je lui rappelle les circonstances des visites que j'eus, il y a quatre ans, l'honneur de lui faire à

Turin, et aussi ma présence à la chambre au moment de sa grande lutte avec le comte de Cavour.

Ce souvenir le rend sérieux. Il n'y répond pas. En est-il, par comparaison, venu à regretter le comte de Cavour? Je le croirais presque. La colère peut bien d'ailleurs, mais non le fiel, pénétrer dans sa grande âme, et la mort, d'autre part, a des majestés faites pour l'en détourner, et auxquelles un cœur tel que le sien ne saurait rester insensible.

Nous parlons de quelques personnes à jamais regrettables aussi : de Manin, qu'il n'a jamais vu, et dont le fils Georges est toujours languissant des suites de sa blessure de Palerme; de M. Planat de la Faye et de sa digne veuve, qui eurent les premiers, avec le *Siècle*, l'idée d'envoyer à Varignano M. Nélaton, et sauvèrent ainsi probablement la vie, et certainement la jambe, à l'illustre blessé. Je lui remets une lettre d'une personne qu'il estime beaucoup, quoiqu'il ne la connaisse pas encore personnellement, la comtesse Montemerli, fervente patriote et auteur d'ouvrages distingués dans notre langue et dans la sienne; je lui transmets les compliments de madame Fusinato, la belle Vénitienne poëte, qui m'en avait chargé si expressément, que ne pas m'acquitter du message aurait été coupable, et ceux de Dall'Ongaro, qui n'a pas vu le général depuis le siége de Rome et qui devait m'accompagner dans ce voyage à Caprera, mais à qui ses nombreux travaux ne l'ont pas permis, à son vif regret et au mien.

— Ah! Dall'Ongaro! Bon ami! me dit le général.

— Je l'ai éprouvé, et de plus homme de grand mérite et du plus charmant esprit. C'est à Ravenne, avec le pauvre Mameli, qu'il vous a rencontré pour la première fois.

— Parfaitement exact.

Le général comptait alors se rendre à Venise investie, mais le siége de Rome en décida autrement. Le point auquel il poussa le mépris du danger et de la mort durant ce mémorable siége est réellement inimaginable. Dall'Ongaro, qui le vit presque continuellement à cette époque, m'en a rapporté quelques traits. Un jour, ils se trouvaient ensemble dans une petite chapelle, la Glorietta, je crois, près de la porte Saint-Pancrace.

Le général voulait de là observer les positions du corps assiégeant français, et c'est ce qu'il fit en effet très-longtemps par l'unique fenêtre de la chapelle, en dépit d'un feu infernal que faisaient contre lui les chasseurs à pied avec leurs carabines à longue portée, auxquelles son vêtement rouge servait littéralement de cible. Les balles pleuvaient, mais sans l'atteindre. Il avait comme la foi qu'elles ne le toucheraient pas. Dall'Ongaro, retiré au fond de la chapelle, voulut à un moment donné se rapprocher de la fenêtre.

— Tu vas te faire tuer ; ôte-toi, lui dit Garibaldi.

— Mais tu t'exposes bien, toi !

— Moi, c'est différent, et puis c'est utile, et puis les balles me connaissent, tandis que toi...

Comme il disait ces mots, un lingot conique vient frapper la paroi extérieure de la fenêtre, ricoche et va frapper, heureusement sans le blesser, les habits de Dall'Ongaro.

— Quand je te le disais !... Allons, tiens-toi tranquille, lui dit le général en reprenant tranquillement son examen.

Malgré la pluie de bombes qui n'était guère moindre dans la ville que celle des balles aux remparts, il se faisait servir d'ordinaire son repas dans le jardin attenant à son habitation. Un jour, il s'y mettait à table avec deux commensaux, dont un représentant à la Constituante romaine, lorsqu'une énorme bombe arrive et tombe près des dineurs. Deux sur trois se lèvent effarés et s'apprêtent à prendre la fuite. Garibaldi, demeuré paisiblement assis, saisit le constituant par un bras et lui dit en riant : « Allons, père conscrit, reste sur ta chaise curule ! » Le père conscrit se rassied, assez mal rassuré. La bombe éclate, mais en lançant ses débris d'un autre côté, comme l'avait pressenti le général avec son coup d'œil étonnant. Seulement, elle inonde de poussière la table et le modeste festin, qui fut perdu ; mais c'était là un détail. En ce temps-là, on mangeait comme on pouvait, quand on pouvait, et non peut-être tous les jours.

— Voulez-vous faire un tour de promenade, me dit à la fin de notre entretien le général, pendant que je vais dépouiller ma volumineuse correspondance ?

J'accepte avec plaisir, et à peine ai-je fait quelques pas, que le colonel Menotti vient à moi et, du ton le plus affectueux, me dit :

— Vous allez rester avec nous, n'est-ce pas ?

— Avec bien du plaisir et de la gratitude ; mais, mes dispositions n'étant pas prises pour cela, je vous demanderai la permission d'aller ce soir à la Madeleine pour y chercher ce dont j'ai besoin et revenir demain matin.

Affaire convenue. M. Menotti me donne un canot et deux petits marins novices déjà assez entendus en navigation que nous avions eus le matin à bord du grand canot l'*Emma*.

Ces deux petits bonshommes, adolescents à peine, et tout menus de taille, d'une animation, d'une vivacité, d'une gaieté napolitaines, m'ont rondement ramené de Caprera à la Madeleine, et, qui plus est, m'ont fort distrait et amusé en route. Ils me donnent des détails de leur cru sur les choses que nous apercevons en route. Ils m'accablent familièrement de questions sur l'endroit d'où je viens et ce que je pense du pays.

— Avez-vous vu le général? me demanda l'un d'eux.

— Oui.

— C'est un brave homme.

Là-dessus, ils entonnent tous deux en faux bourdon, avec dessus et dessous, et en imitant de leur joue gonflée, je ne sais par quel artifice guttural, le son du canon et du tambour, un chant consacré à la glorification du général et de ses victoires. La pièce est mélodique d'ailleurs, outre le mérite de son harmonie imitative.

— C'est joli, cela?

— Très-joli.

Après ce chant en viennent d'autres, moins politiques, mais agréables et toujours dits très-juste. Ils s'excitent continuellement l'un l'autre, soit au plaisir, soit au travail.

— Allons, chante donc!

— Allons, rame donc!

Et quand ils ne chantent pas, ils rient.

Je suis de retour à la Madeleine, juste à temps pour voir défiler cette fameuse procession du *Carmine* contre le choléra et pour la pluie. Puisse-t-elle avoir été efficace au premier de ces points de vue! Quant à la pluie, elle tomba dès mon séjour à Caprera, mais encore bien insuffisante et non pas de nature à satisfaire le général, dont les plantations et les prairies souffraient beaucoup de la sécheresse. Le manque de pluie et le vent d'ouest, voilà les deux grands ennemis de la végétation de l'île. Quant à la chaleur, elle est grande, mais supportable, cependant : à cause de la brise de mer, elle est bien moins forte que sur le continent italien. Le général, le lendemain 18 juillet, m'a dit le soir qu'il avait fait ce jour-là la plus grande chaleur de l'année.

— Et combien de degrés? lui dis-je.

— Vingt-six degrés.

— Ce n'est pas beaucoup.

— Pour ici, c'est le maximum. Nous ne sommes pas, grâce à Dieu, torréfiés comme dans les villes.

Le général a un tel besoin de liberté absolue et de grand air, que très-certainement il ne pourrait pas vivre longtemps dans l'énervante atmosphère des cités italiennes ou autres, et c'est pour cela qu'il a très-judicieusement planté sa tente à Caprera, dès que quelques économies réalisées dans la navigation commerciale lui ont permis cette emplette.

Pour en revenir à la procession, elle est pauvre d'ornements, de bannières, de dais, d'ostensoirs, mais très-nombreuse et au demeurant formée à peu près exclusivement de femmes, beaucoup plus élégantes qu'on ne s'attendrait à les trouver en tel lieu. La fièvre de la crinoline, le choléra-morbus du luxe féminin, auraient-ils pénétré de chez nous par là-bas? En vérité je le croirais, car les épidémies ne respectent rien, et j'en pense voir ici la preuve. J'aperçois là jusqu'à de ces chapeaux coquets, bas de forme et à plumes ou autres ornements encore plus fantaisistes, que le sexe porte aujourd'hui si crânement dans les villégiatures et villes d'eaux, et il ne tiendrait qu'à moi de me croire pour un instant à Trouville, à Spa et à Bade.

Après une nuit passée vaille que vaille sous le toit assez peu confortable de madame Raffo, je reprends, le lendemain matin, par le canot d'un vieux brave homme, aidé de ses deux petits enfants qui lui servent de mousses et l'aident dans la manœuvre, le chemin de Caprera, où j'arrive un peu avant l'heure du repas de midi, qui est le principal de la journée.

V. — SÉJOUR A CAPRERA.

Je marque de blanc cette journée et celle qui l'a suivie. J'ai vu de près le spectacle de la vraie grandeur et de la vraie simplicité. Le général, en chemise rouge, pantalon clair et chapeau de paille, revient, appuyé sur sa canne, des champs, où il est depuis le grand matin, un peu avant l'heure de se mettre à table. En me voyant, il a la bonté de me dire qu'il s'est préoccupé de moi la veille.

— Je vous ai cherché, me dit-il, et vous m'avez inquiété. *Comme je vous avais envoyé promener*, j'ai craint un instant que vous n'eussiez pris le conseil trop au sérieux, au point de nous quitter si vite, ce que j'aurais beaucoup regretté pour ma part.

J'exprime au général que je ne suis pas si susceptible ; que je suis venu à Caprera non pour le gêner, ce qu'à Dieu ne plaise, mais pour le saluer, et jouir, s'il le permet, quelques instants de sa présence.

Cela dit, nous passons dans la salle à manger, où se dresse une table d'environ quinze couverts, pouvant être portée à vingt-deux dans l'occasion. Les fils du général et ses compagnons d'armes y prennent place. Le général en occupe le bout, à la mode italienne ; il a à sa gauche sa fille, madame Theresa Canzio, et il veut bien me faire asseoir à sa droite. Il prend la peine de me servir lui-même, ce dont je suis confus. Le repas est modeste, mais il est suffisant, et tout ce qu'il faut à des hommes raisonnables. Il se compose d'un copieux macaroni, de bœuf bouilli et de légumes.

Des pommes de l'île, très-petites, mais très-sucrées et fort bonnes, composent le dessert. Le matin, en se levant, on a pris le café avec du lait de Caprera, véritablement délicieux. Un condiment local fort agréable consiste dans de petites *pommes d'amour* qu'on mange crues avec de la viande. Des bouteilles rangées sur la table contiennent alternativement l'eau et le vin. Le général a reçu récemment du Piémont un panier de vin de Barbera, excellent cru rouge d'Asti, dont il me fait goûter.

— Je voudrais bien aussi, me dit-il, vous faire boire de notre vin de Caprera; il est fort bon ; mais par malheur nous n'en avons récolté l'année dernière qu'une petite provision qui a été vite épuisée. Aussi je fais planter de nouvelles vignes, et, si l'oïdium le permet, nous aurons bientôt une cave mieux montée.

Je vois sur la table un complet assortiment de sauces anglaises. Le général m'en offre et me dit :
« — Vous êtes peut-être étonné de trouver ici ce raffinement de repas plus somptueux que les nôtres. C'est le duc de Sutherland qui, lorsqu'il est venu me voir, ayant remarqué que nous n'avions pas de sauces anglaises; m'en a dernièrement envoyé une caisse. »

— Notre vie, reprend-il, est un peu primitive. Nous n'avons pas ici grand'chose. Mais nous avons l'immense avantage de n'avoir autour de nous ni prêtres, ni gendarmes, ni agents de police.

— C'est bien quelque chose, lui dis-je.

La conversation tombe à ce sujet tant soit peu sur la politique. Le général n'est pas content de ce qui se fait et ne se fait pas en Italie, et cela se conçoit. Mais il n'est ni découragé ni aigri, et son moral supérieur reste excellent et en équilibre parfait.

Il me parle des gouvernements représentatifs, qu'il n'aime pas, et qui ont, dit-il, une action mécanique pareille à celle du vent. Celui-ci fait marcher les navires bien qu'ils en aient, et les gouvernements représentatifs font de même à l'égard des peuples. Ils les engrènent et les font avancer inconsciemment et malgré eux vers le but où ils tendent, eux gouvernements, et non vers celui que les nations voudraient atteindre.

Je dis au général qu'un fils à moi a l'honneur d'être son concitoyen, étant né comme lui à Nice. Il en paraît bien aise, et sa bienveillance pour moi semble s'en augmenter.

Je lui donne des nouvelles du général Türr, que j'ai laissé à Florence. Il m'en donne, de son côté, du marquis et de la marquise Giorgio Pallavicino, qui sont venus tous deux le voir cette année, à courte distance. Il me fait le plus grand éloge de l'un et de l'autre, de leur bonté, de leur dévouement, de leur fidélité en amitié, et de leur patriotisme à toute épreuve. Tombant d'une telle bouche, une louange n'a pas besoin d'être ratifiée, et cependant je me permets d'apporter mon assentiment à cette juste appréciation de deux nobles et beaux caractères.

Nous reparlons de Manin, de ses cruelles souffrances et des adoucissements moraux que ses amis de Paris avaient parfois le soulagement d'y apporter.

Par deux fois, le général songea à aller à Venise, la première avant, la seconde après la chute de Rome ; mais le destin fit qu'il ne put ni l'une ni l'autre fois y arriver, et il le regrette.

Le repas est vite terminé, et cependant j'ai eu le temps de saisir la décoration fort simple, mais intéressante, de la salle à manger. Au-dessus de la porte, il y a un trophée composé de petits drapeaux à inscriptions offerts au général par les ouvriers de Gênes. Au-dessous, une longue canne à pomme d'argent est celle du tambour-major de la légion italienne de Montevideo, que commanda le général.

Aux murs sont des lithographies représentant divers faits de la vie du général, deux entre autres formant un singulier contraste : l'une dépeint l'ovation sans exemple qu'il reçut à Londres en 1864; l'autre nous porte sur le rocher d'Aspromonte, au moment où les bersagliers de Pallavicini, escaladant les pentes du mont, viennent de faire feu sur les garibaldiens, à qui leur chef avait défendu de tirer. Le général vient de recevoir la fatale blessure qui a tenu si longtemps l'Europe et, on peut le dire, le monde entier en alarme. Le général, fort ressemblant, est porté dans les bras des siens. En avant de lui est le colonel Menotti, blessé aussi, quoique moins grièvement, et s'appuyant pour avancer sur deux soldats. Triste souvenir, défaite sans combat, qui d'ailleurs n'ont entamé en rien, — j'ai pu m'en assurer en Italie à chaque pas, — l'immense et la prodigieuse popularité du héros.

Après le dîner, le général, m'ayant réitéré l'invitation de rester, rentre dans sa chambre, et prie son fils Ricciotti de me conduire à la mienne.

— Vous serez mal, me dit-il; mais vous avez l'habitude de voyager, et vous excuserez.

Vous jugez comme je réponds à cette apologie d'une hospitalité si illustre et si enviable, et me voilà installé, tout à l'extrémité de la maison, dans une excellente chambre ayant vue, comme celle du général, sur le levant et le nord, très-claire, très-ornée et très-bien meublée.

Comme c'est l'heure où chacun se repose, lit, dort et se garantit de la chaleur du jour, je fais comme tout le monde, et commence, avec autant de raison que Xavier de Maistre, je pense, par faire le « tour de ma chambre. »

Le général me pardonnera d'examiner et d'inventorier ainsi les meubles de son domicile. Mais, outre que sa maison pourrait être de verre et qu'il n'a rien à y cacher, tout ce qui tient de près ou de loin, même dans les plus humbles détails, à une gloire comme la sienne, est, si j'en juge par moi-même, faite pour intéresser chacun.

Ma fenêtre du nord ouvre sur une terrasse en maçonnerie à l'orientale, d'où je jouis de la vue la plus magnifique. J'ai devant moi toute la silhouette pittoresque des montagnes de Caprera ; à droite, je vois la Corse et les îles qui y attiennent ; à ma gauche se dressent les hauts contre-forts de la Sardaigne.

J'ai peine à détacher mes yeux de ce panorama superbe, et dans ma joie de me sentir abrité sous un pareil toit, je me trouve, ce qui m'arrive rarement, un heureux mortel.

Ma fenêtre de l'est ouvre sur un jardin assez touffu dans lequel s'enclave le jardinet de madame Theresa, semé de toutes les fleurs que peut produire l'île, et soigneusement entretenu par les compagnons du général.

Dans la chambre, il y a un corps de bibliothèque garni de fort bons livres anglais, français et italiens. J'y prends une biographie du général, écrite en Amérique, imprimée à New-York, et signée *Victor*.

J'y lis, entre autres choses, que, lorsque le général fut contraint de passer de nouveau dans ce pays après sa retraite de Rome, n'ayant plus d'asile sûr en Italie, pour n'être à charge à personne et pouvoir décliner les offres, qui ne lui manquèrent pas, d'ailleurs, il ne dédaigna pas de fabriquer et de vendre successivement des chandelles, du savon et des cigares, par quoi il s'acquit, chez un peuple pratique, positif et laborieux, l'estime et un redoublement d'admiration universels.

A propos de cigares, on sait que le ministère Sella a élevé, poussé par la nécessité, de cinq à sept centimes les *cavours*, c'est-à-dire l'aliment le plus répandu et le plus populaire de la consommation des fumeurs italiens, mesure qui a produit le plus fâcheux effet. Le général a dit à ce sujet le matin, au moment où l'on allumait les cigares après dîner, nonobstant l'augmentation : « Ma foi ! moi, depuis que les cavours sont à sept centimes, je fume la pipe. » Et il le fait comme il le dit, sans nulle intention, certes, de critiquer le *luxe* de ceux qui ne l'imitent pas.

Je vois encore avec plaisir dans cette chambre le portrait de Manin, que je suis heureux de saluer en son image dans une telle résidence. La statuette de Nullo se dresse sur un meuble. Le brave colonel garibaldien Nullo est allé, comme on sait, l'année dernière, combattre pour la délivrance de la Pologne avec un certain nombre de ses compatriotes, et il y a péri les armes à la main.

Moins heureux que lui encore peut-être, d'autres ont été pris et emmenés en Sibérie, où la plupart sont déjà morts. Cette effigie de Nullo le représente svelte, élancé, élégant, haut de taille, d'une physionomie régulière, accentuée, pleine de résolution et d'énergie ; le *chevalier* d'un autre âge, fourvoyé en notre pâle époque, se dessine là nettement. Comme stature et figure, il eut beaucoup de rapports avec le général Türr.

Je vois enfin le dessin d'une bonne, ouverte et mâle figure, vers laquelle on se sent attiré d'instinct, et dont on presserait d'enthousiasme la main, si elle était vivante : c'est celle du fameux Angelo Brunetti, dit Cicerruacchio, le chef populaire et longtemps tout-puissant du Trastevère de Rome, qui, après avoir ardemment pris part à la défense de 1849, dut, ainsi que les siens, quitter la ville avec Garibaldi et le suivre dans cette terrible retraite dont les péripéties les séparèrent bientôt, le salut ne pouvant plus être pour aucun que dans une marche isolée ou par très-petits groupes. Hélas! le pauvre patriote, Ugo Bassi et tant d'autres ne le trouvèrent point.

Je parlai le soir, à souper, au général de ce portrait qui m'avait tant frappé, et je lui dis qu'il devait être sans doute d'une grande ressemblance.

— Saisissante, me dit-il. Ah! le brave compagnon! Et les Autrichiens ont fusillé comme des chiens, dans la Comarchia, lui, ses enfants, d'autres encore, et parmi eux un de mes officiers de la légion italienne d'Amérique qui m'avait suivi partout, une admirable créature et un cœur de lion; comme des chiens, vous dis-je, férocement, sans dire un mot.

Quel droit en avaient-ils? Qui les autorisait à traiter de la sorte des fugitifs sur lesquels avait évidemment seule droit la France victorieuse? Je le demande et le demanderai toujours.

Je me souviens alors d'avoir vu à Florence une gravure représentant une exécution de ce genre faite par des Autrichiens du haut d'une chaussée, d'où ils fusillent dans un chemin creux, irrégulièrement, par feu de file, sans se presser, une douzaine de malheureux, vieux et jeunes, pères et fils, ceux-là se précipitant éperdus contre ceux-ci pour les couvrir de leur poitrine.

Dévouement inutile! Déjà la moitié de ces infortunés gisent à terre dans les convulsions suprêmes; les autres déjà chancellent, et, bien qu'on les tue en détail, à petits coups, par un raffinement de barbarie atroce, on sent qu'ils vont bientôt rejoindre dans la mort leurs compagnons déjà tombés.

Je croirais assez volontiers que cette sanglante scène s'applique à la mort de Cicerruacchio et des siens, si de tels faits ne s'étaient constamment reproduits en Italie sous la domination autrichienne.

Quant à Ugo Bassi, c'est à Bologne que, après

l'avoir cruellement torturé, l'Autrichien l'expédia de même façon.

C'était Garibaldi qui courait le plus de dangers dans cette formidable retraite, et pourtant il y échappa.

Le doigt providentiel protégeait en lui le futur vengeur et vainqueur de la belle campagne de 1859, et plus tard, et surtout, le futur conquérant du royaume des Deux-Siciles.

Chacun le connaissait, chacun savait par cœur sa figure si caractérisée et déjà légendaire, et personne ne le trahit. J'ai entendu conter à son intime ami, le pauvre Valerio, mort dernièrement préfet de Messine, qu'un jour, épuisé de fatigue et de faim, brisé de douleur (il venait de perdre sa noble femme qui lui avait caché une grossesse pour le suivre), resté seul, couvert de lambeaux pour vêtement, il pénétra dans une petite ville du littoral de l'Adriatique, et entra chez un pharmacien auquel il dit : « Donnez-moi un cordial ; je tombe d'épuisement ; mais je vous préviens que je ne pourrai pas vous payer. »

Le pharmacien le regarda attentivement, lui donna d'abord le cordial, qui ranima un peu le proscrit, puis alla fermer soigneusement sa porte et ses contrevents, et, revenant vers l'étranger, se jetant presque à ses genoux, lui dit :

— Vous êtes Garibaldi?

— Eh bien! oui, je le suis, lui dit le général.

— Béni soit celui qui vous envoie! reprit l'honnête apothicaire. Vous avez besoin de repos et de nourriture, vous trouverez, grâce à Dieu! tout cela chez moi.

Et pendant que le général se reconfortait et pouvait détendre un peu dans son lit, sous un toit, ses membres harassés, son hôte prenait sans crainte et sans hésitation pour confident toute la ville, et aussitôt les vêtements, l'argent, les secours de toutes sortes affluaient dans son officine, à ne savoir que faire de tous ces subsides.

Il n'en fallait pas tant au proscrit, que, peu après, on put faire passer dans la forêt de Ravenne, où des mains dévouées lui apportaient la nourriture, et où il habita une pauvre cabane de bûcheron, aujourd'hui popularisée en Italie par la gravure, par la lithographie, par la photographie, le relief, la plastique de tous les genres.

De là il put enfin réussir à quitter le territoire italien. Dans la petite ville où se passa la scène que je relate plus haut, le secret de sa présence fut religieusement gardé par tous. Pourtant, il y allait d'une grosse récompense pour qui le livrerait ou d'une répression cruelle si l'Autrichien venait à l'y découvrir. Ce n'est qu'en Italie, il en faut bien convenir, et toute loyauté à part, qu'un mystère utile peut être si scrupuleusement et si entièrement gardé.

Confortablement étendu dans un grand fauteuil à roulettes qui a dû servir au général pendant la convalescence de sa blessure, je passe le gros du jour à lire et à songer avec admiration à tout ce qui m'entoure d'extraordinaire, de grand, de noble.

Cette profonde rêverie à laquelle je me complais, et grâce à laquelle j'oublie des misères alors heureusement lointaines, est interrompue par le bruit d'un clavier venant d'une chambre d'en haut. C'est madame Theresa, de qui j'ai également sous les yeux les portraits d'enfant et de jeune fille, qui joue l'hymne à son père. Le jeu est imparfait; mais ce chant, exécuté par une telle main et dans la demeure où nous sommes, me saisit d'une émotion vive.

Elle joue encore divers morceaux, et puis elle chante de cette voix si mélodieuse et si belle, si sonore et si douce, qui est le privilége de sa famille. J'applaudis mentalement, et ensuite je fais à la virtuose mon compliment sincère de ce superbe organe qui, un peu cultivé, serait une véritable merveille. Je la trouve au milieu de ses enfants, de ses frères, et je demande la permission d'esquisser cette remarquable famille.

VI. — LA FAMILLE DU GÉNÉRAL.

Tous les trois nés en Amérique, les enfants du général, Menotti, Ricciotti et madame Theresa Canzio, en ont été ramenés par lui en 1848, et confiés, à Nice, aux soins de sa mère pendant le siége de Rome et les terribles épreuves de 1849.

Quand l'aîné, Menotti, qui a aujourd'hui vingt-cinq ans, est devenu jeune homme, le général l'a associé à ses grands travaux militaires. Nouveau Brutus, il l'emmena à la conquête de la Sicile par deux coques de noix et 1,000 hommes. Un maréchal de France du temps de Louis XIII, Fabert, disait : « Si, pour sauver une place que le roi m'aurait confiée, il fallait mettre à la brèche, moi, les miens et toute ma fortune, je n'hésiterais pas. »

Ici il ne s'agissait pas de sauver une place confiée par le roi, mais de donner au roi un État de dix millions d'âmes et à l'Italie l'unité. Le général n'hésita pas plus que Fabert, et mit avec lui son fils aîné à la brèche. M. Menotti combattit vaillamment; il fut blessé devant Palerme et gagna amplement le grade de colonel, qui lui fut déféré quand les services garibaldiens eurent le pouvoir de récompense pour ceux qui les avaient rendus.

Plus tard, nous avons vu déjà qu'il fut blessé à Aspromonte. C'est un soldat dans la meilleure acception du mot, sans fanfaronnade, sans pose, d'un courage calme et froid. Il est, comme son père, habile à tous les exercices de corps, bon cavalier, bon chasseur, bon tireur, bon pêcheur, et déjà aussi bon marin. L'allure un peu taciturne qu'on lui voit d'abord fait vite place, quand il vous prend en sympathie et gré, je l'ai déjà dit et j'ai plaisir à le répéter, à une expression toute cordiale et charmante, et les choses qu'il dit ont d'autant plus de prix qu'il ne se répand point en banales protestations ni en vaines paroles.

Son frère Ricciotti, le cadet des trois enfants, n'a eu, vu son jeune âge, l'occasion de voir la guerre qu'à Aspromonte. Il est encore adolescent, et a l'esprit tourné ardemment aux sciences. Il est brun et doit ressembler beaucoup à sa mère Anita. Sa figure est douce et gracieuse, et sa physionomie habituellement méditative. Il est le clerc de la famille. Je trouve dans ses traits, dans sa longue chevelure, dans son expression pensive, quelque rapport avec la tête de Giotto jeune. Il aime les beaux-arts non moins que la science, et il est notamment déjà très-compétent numismate.

Son père l'a envoyé en Angleterre justement pendant que j'étais à Caprera, pour y poursuivre et y perfectionner ses études scientifiques. Il connaît déjà bien ce pays, où son nom et sa personne le font accueillir à merveille, et dont il parle parfaitement la langue. Nous avons fait de compagnie le voyage de Caprera à Livourne, où nous avons encore passé quelques heures ensemble, et j'ai appris vite à apprécier, comme il le mérite, et à affectionner cet aimable jeune homme.

Madame Theresa Canzio, mariée depuis quelques années au major génois de ce nom, est une jolie personne d'un beau teint, bien qu'un peu bruni par l'air marin, blonde comme Cérès et florissante comme elle; c'est elle qui des trois enfants ressemble le plus au général, avec qui elle a des traits communs qui frappent tout d'abord. Elle est vive, enjouée, bonne, espiègle, ouverte; toute mère de famille qu'elle est, elle a de l'amazone et de la jeune fille.

Voilà deux ans et plus qu'elle est à Caprera, et elle s'y trouve à merveille. Elle a trois beaux enfants, trois amours blonds comme elle.

L'aîné, qui a trois ans et quelques mois, se nomme Mameli, et il est d'une force et d'une taille extraordinaires pour son âge. Il promet de ressembler beaucoup à son illustre grand-père, au moins par la largeur des épaules, la carrure athlétique et la vigueur des membres. Je me suis amusé à lutter avec lui comme on peut le faire avec un enfant de cet âge, et j'ai été frappé de la solidité de ses petits bras enfantins. Il pousse et croît à Caprera en vrai enfant de la nature, avec une liberté, une joie et dans un air dont n'ont pas même le soupçon les petites créatures étiolées de nos villes; et, ou je me trompe fort, ou il apprête à l'Italie de l'avenir un rude et mâle champion.

Son frère puîné se nomme Anzani et paraît un peu plus délicat de visage et de corps; mais peut-être n'est-ce que l'effet de la différence de l'âge, et acquerra-t-il à son tour cette force précoce, ce visage plein et rubicond qui font de son frère un petit Milon ou un petit Alcide en herbe.

Le troisième n'a que quelques mois et a reçu le nom de Lincoln.

Menotti, Ricciotti, Mameli, Anzani, Lincoln, voilà d'étranges noms de saints. Aussi sont-ils empruntés au calendrier spécial et fort peu grégorien que dès longtemps s'est fait le général à son usage. Il a donné à ses enfants et donne à ses petits-enfants des noms de grands citoyens et de grands patriotes, et il me sera permis de croire, après lui, que ces saints-là en valent d'autres.

Menotti est le nom du brave et malheureux Ciro Menotti que fit pendre le duc de Modène après le mouvement insurrectionnel italien de 1831.

Ricciotti est celui d'un autre martyr qui prit une vive part à la mémorable et tragique tentative des frères Bandiera pour l'affranchissement de leur patrie.

Mameli, le grand poëte et digne compagnon d'armes de Garibaldi à Rome, où il fut tué, a donné son nom au premier des petits-fils du général.

Le nom d'Anzani appartient à un vaillant officier qui partagea les travaux et les périls sans nombre du général dans la légion italienne de la Plata, mort également.

Enfin je n'ai pas besoin de spécifier d'où vient le nom de Lincoln donné au dernier-né de madame Canzio.

— Voilà un pauvre enfant, ai-je dit au général, qui a perdu bien vite son glorieux parrain.

—Hélas, oui! me dit-il; mais ce qui peut atténuer les regrets des admirateurs et des amis de ce grand homme, c'est qu'il est mort en plein triomphe, en pleine grandeur de son pays, en pleine victoire de ses idées, de ses principes, qui furent ceux dont doivent s'animer tous les peuples, tous les hommes dignes de ce nom.

Là-dessus le général, avec une grande chaleur et plus de développement qu'il n'en met habituellement dans le discours, me représente quel épouvantable malheur c'eût été pour le monde entier, si le Nord eût été vaincu ou n'eût pu triompher du Sud.

— Là était la clef, me dit-il, la clef universelle Supposez le Nord écrasé et l'esclavage renaissant, c'en était fait de la liberté et même de la civilisation, non-seulement dans le monde nouveau, mais dans l'ancien. Les pouvoirs absolus ne s'y trompèrent pas : aussi firent-ils tous des vœux pour la victoire du Sud, et leur déconvenue n'est pas seulement une chose très-méritée et réjouissante aux cœurs honnêtes ; elle est encore la grande assurance d'un avenir dont il n'y a plus à douter, de l'un ni de l'autre côté de l'Atlantique.

De la part d'un homme à qui des esprits peu compréhensifs, ou qui ne le connaissent point et ne peuvent pas le juger, se complaisent à refuser l'intelligence politique, je trouvai l'appréciation assez sensée.

Les garibaldiens imitent, dans les noms qu'ils donnent à leurs enfants, l'exemple du général, qu'ils sont d'ailleurs disposés à suivre en tout. C'est ainsi que j'ai vu à Livourne un patriote qui avait baptisé son fils : Nullo.

A quatre heures de l'après-midi, la grande chaleur du jour est beaucoup apaisée. Chacun sort de chez soi et fait ce qu'il lui plaît, dans la plus entière liberté, selon la devise de l'île. Les uns vont se baigner, d'autres se promener. M. Ricciotti manipule à son laboratoire ; M. Menotti monte à cheval ; madame Theresa, cousant ou brodant, devient le centre aimable d'un groupe de causeurs ; ses deux aînés gambadent et se livrent aux mille petites folies naturelles à leur âge. Mameli ne se contente pas de jouter avec dix fois plus grand que lui; il tarabuste, sans plus de danger d'ailleurs, les chiens du général, dont l'un, qui a reçu le nom d'Aspromonte, est un colossal et magnifique terre-neuve à longues soies noires. Ce bel animal a aussi ses récréations à lui : nouveau Léandre en son espèce, il franchit fréquemment à la nage le bras de mer assez considérable qui sépare Caprera de la Madeleine, et revient par la même voie, sans qu'il y ait aucune Héro attractive au bout du voyage. C'est pour son agrément corporel, par hygiène, qu'il se livre à cette natation passionnée.

Je vois emporter tous les fusils et carabines du général du côté de la mer.

— Est-ce qu'on désarme ici? demandé-je à un garibaldien, présent comme moi à ce dépouillement de l'arsenal.

— Pour jusqu'après-demain, me dit-il.

— Et pourquoi?

— C'est en raison de la grande fête patronale de la Madeleine, de la plus grande fête de l'île, celle de sainte Marie-Madeleine. Un des grands ornements de la solennité et l'un des plus grands plaisirs des habitants est de tirer alors beaucoup de coups de fusil, et le général est si bon que, malgré le cas qu'il fait, et que vous connaissez, de ces cérémonies et de ceux qui les font, pour ne pas contrister ce pauvre monde-là, il lui prête toutes ses armes. Est-ce que vous serez à cette fête?

— Je ne pourrai pas.

— C'est dommage. Vous auriez vu la ville éclairée toute la nuit d'énormes feux de joie, et toute la nuit aussi une farandole terrible appelée le *douro-douro*, et dans laquelle tout le monde danse en rond frénétiquement, hommes, femmes, filles, enfants, vieillards.

— Alors on m'aurait fait danser aussi?

— Jusqu'à l'aube.

— Cela diminue mes regrets.

VII. — LES COMPAGNONS DU GÉNÉRAL.

J'ai fait bien vite connaissance avec les membres de la petite colonie de Caprera. Le général tient à garder auprès de lui quelques compagnons d'armes de prédilection, et ceux de ses soldats qui le méritent, aujourd'hui si peu en faveur, sont toujours sûrs de trouver chez lui un asile contre l'adversité qui les frappe trop souvent, en attendant des jours meilleurs.

Il partage avec eux fraternellement le petit produit de ses terres, qui ne s'élève guère, me dit-on, qu'à trois mille francs environ. J'avais vu à Florence, au moment d'en partir, M. Bisnichini, l'un des Mille, vaillant jeune homme que le général aime beaucoup et qui précisément revenait de Caprera, après y avoir fait un assez long séjour. Le général voulait le retenir près de lui.

— Que vas-tu faire là-bas? lui dit-il. Reste ici.

— Mais je ne peux pas toujours demeurer à votre charge, lui dit M. Bisnichini. Et puis ici je ne fais rien, et il vaut mieux pour moi, et même pour la cause, que je me fasse une carrière.

La haute raison du général accéda à regret à cette objection.

A part ceux qui sont attachés à la personne du général, tous les garibaldiens présents à Caprera sont dans ce sentiment. Mais ils trouvent momentanément, quand il en est besoin, près de leur glorieux chef, une trêve aux maux de la vie, dure pour la plupart d'entre eux, et un relâche utile et agréable où ils ne peuvent que se retremper physiquement et moralement par le contact prolongé de l'héroïsme fait homme et aussi grand, aussi stoïque dans les travaux de la paix que dans ceux de la guerre.

Nous sommes deux hôtes de passage à Caprera, M. Luciani et moi. M. Luciani, qui, je l'ai déjà dit, est un jeune homme très-distingué, qui promet beaucoup et tient déjà, très-érudit, très-lettré, parlant et écrivant bien, est venu ici s'entendre avec le général de la création d'un journal nouveau destiné à paraître à Gênes sous sa haute inspiration, *Il Campidoglio* (le Capitole), dont la politique prévue est toute résumée dans ce titre.

Parmi les sédentaires, je citerai d'abord M. Piantugli, le secrétaire du général, jeune homme du plus grand mérite et dont la figure toujours ouverte, spirituelle, aimable, est du premier aspect on ne peut plus sympathique et attractive. Il est non-seulement très-instruit, mais poëte, vrai poëte. Il a écrit une *Nuova Divina Comedia*, où il damne tous les ennemis de l'Italie, de la liberté et des peuples. Cela fait beaucoup de damnés.

Il a traduit aussi d'une façon charmante et fidèle au possible, et en très-beaux vers, un certain nombre des principales chansons de Béranger, qu'il n'est point d'avis, comme certains entre nous, qu'on doive traîner aux gémonies. Le choix de M. Piantugli pour secrétaire intime et pour inséparable prouve combien le général a le jugement droit et se connaît en hommes.

M. Pastore, l'un des Mille, ex-officier démissionnaire de l'armée régulière, habite depuis assez longtemps l'île, où il est le compagnon le plus habituel du colonel Menotti dans ses chasses et dans ses pêches. C'est aussi un jeune homme fort affable, fort doux comme tous les vrais braves, et d'infiniment d'esprit, qu'il a le plus plaisant du monde. Comme il parle parfaitement notre langue, on le prendrait parfois pour un Parisien de la meilleure espèce, égaré dans ces rocheuses solitudes des bouches de Bonifacio.

Ont fait aussi partie, je crois, de la glorieuse phalange des Mille, MM. Basso et Lauro, qui sont relativement des vétérans, et Pietro Gaddani, l'ordonnance du général, qui se souvient bien de m'avoir introduit près de lui, à Turin, en 1861, avec M. Henri Martin, et qui, si j'eusse été Ulysse, eût été mon pasteur Eumée, en cette Ithaque faite pour vivre dans la mémoire des hommes autant que l'ancienne.

M. Bennici est un jeune Sicilien de la plaine des Grecs, à Caprera depuis peu de mois, et qui a vu la mort de près. Il était condamné à la fusillade pour insurrection contre les Bourbons, et il n'attendait plus que son exécution, lorsque l'arrivée de Garibaldi à Marsala et la victoire de Calatafimi le délivrèrent. Il se joignit à la cohorte, à la poignée d'hommes qui allait accomplir de si grandes choses, et se jura à lui-même qu'il suivrait partout le héros et qu'il consacrerait sa vie à qui la lui avait sauvée. Il se distingua assez dans l'immortelle campagne qui suivit pour obtenir un grade dans l'armée régulière où il était lieutenant, lorsque le mouvement qui devait aboutir à Aspromonte éclata. Selon ce qu'il s'était promis, il brisa son épée d'officier pour prendre celle du volontaire, et donnant sa démission, partit pour la Sicile sans attendre qu'elle fût régulièrement acceptée. C'est de cela qu'il lui fut fait un crime capital, après la triste scène qui fit de Garibaldi un blessé, presque un moribond, et de lui un prisonnier.

Conduit à Messine, il y fut traduit devant une cour martiale, sous l'accusation de désertion, et de nouveau condamné à mort. Le général Petitti, ministre de la guerre, ordonna l'exécution de la sentence. Heureusement, alors, se trouvait à Messine le général Avezzana, qui fit à ce sujet des représentations au ministre, et lui mit notamment aux yeux que, politiquement, cette exécution produirait à Messine le plus mauvais effet, le condamné étant Sicilien et connu et estimé dans le pays. Il craignait des troubles.

— Eh bien! fusillez-le derrière la citadelle, fut la réponse du ministre.

Le général Avezzana ne se tint pas, par bonheur, pour battu. Il fit de nouvelles instances à la suite desquelles le condamné, non sans avoir subi par ordre supérieur le simulacre des apprêts d'une exécution nocturne et avoir été tiré de prison pour marcher longuement avec un peloton de soldats à un lieu indéterminé, où tout lui annonçait qu'il trouverait la mort, vit enfin sa peine commuée en celle des travaux forcés à perpétuité. Passant alors de prison en prison, il fut finalement mis au bagne, où il resta traité comme un vulgaire forçat, plus de deux ans, après quoi il fut gracié par décret de générale amnistie.

Tout en louant beaucoup cette mesure, on ne peut s'empêcher de regretter qu'elle soit venue couvrir des actes de rigueur qu'on eût dû épargner à des hommes qui avaient contribué à donner à l'Italie 10 millions d'âmes. Ils purent être égarés ; rien de personnel, rien de bas ne les anima, en tout cas, et les traiter si vilement, ne fut ni reconnaissant, ni généreux, ni d'une bonne politique. Bien moins qu'à tout autre, il convenait à un homme d'aussi peu de relief militaire que le général Petitti, de se montrer si rigoureux envers les brillants soldats de l'affranchissement des Deux-Siciles. Mais la peur, triste excuse, est mauvaise conseillère, et il est évident qu'on eut peur avant Aspromonte ; mais après, pourquoi de si dures représailles ?

Je trouve ces détails dans une brochure de M. Bennici, et en ce moment sous presse, dont il m'a fait lire les épreuves. J'y trouve aussi les renseignements les plus déplorablement précis sur l'affaire de Villata, qui, à ce moment même, commençait à avoir en Italie et ailleurs un retentissement si fâcheux et qui a été jusqu'ici fort mal éclairci.

D'après ce que raconte M. Bennici, six bersagliers et un habitant de Parme qui s'était joint à eux furent arrêtés par des soldats du bataillon que commandait le lieutenant-colonel, alors major de

Villata, au moment où il paraît qu'ils se disposaient à aller rejoindre les volontaires garibaldiens. Il faut dire, non pour excuser, mais pour faire comprendre un peu ce qui va suivre, que cet officier, Milanais de naissance, a servi dans l'armée autrichienne dont il a par malheur trop conservé les traditions.

Il y a encore beaucoup trop d'officiers de cette provenance dans les rangs de l'armée italienne actuelle, et il serait urgent de former des sujets pour pourvoir le plus vite possible à l'élimination de cet élément formé à une triste école. M. de Villata est le neveu de ce colonel Anviti qui eut, en 1859, l'imprudence de se montrer à Parme, où il avait été le suppôt et le cruel ministre des rancunes et vengeances du pouvoir déchu, et où le peuple exaspéré le mit littéralement en pièces. M. de Villata paraît avoir encore recueilli cette très-fâcheuse succession collatérale.

Ce qui paraît très-certain, c'est que les sept malheureux amenés devant lui ayant été par lui interrogés succinctement, il donna l'ordre de les fusiller sur-le-champ. Le pauvre bourgeois de Parme, qu'il n'y avait aucune raison ni apparence de mettre sous le coup d'une loi martiale, appliquée ou non selon les règles, et qui n'avait commis d'autre crime que de se trouver en compagnie des bersagliers et d'avoir des plumes de coq à son chapeau de citadin, fut si terrifié en entendant cet ordre, qu'il n'eut pas la force de réclamer pour faire constater son identité, et subit sans mot dire l'horrible sort commun.

Un nommé Cesarini, vrai bersaglier celui-là, eut plus de présence d'esprit et d'assurance que lui. Il soutint intrépidement qu'il était cantinier du régiment, et que, s'il avait suivi un instant les autres soldats de son corps, c'avait été non point pour les accompagner, mais pour leur vendre, chemin faisant, de l'eau-de-vie et des vivres. Il se sauva ainsi, le major l'ayant cru et l'ayant fait écarter des six autres au moment de procéder à l'exécution.

Quand ces malheureux virent que l'on allait décidément les fusiller sommairement, et comme des chiens, suivant l'expression du général, ils réclamèrent le droit de passer en jugement.

— Aux traîtres et aux déserteurs, répondit M. de Villata, il n'est dû que cinq balles dans le corps.

Ils demandèrent qu'au moins on leur laissât le temps d'écrire et de dire adieu à leurs familles.

— Les traîtres et les déserteurs, reprit inflexiblement le major, n'ont droit qu'à cinq balles dans la poitrine.

Il y avait là une recrue, un tout jeune homme de dix-huit ans, dont le nom qui m'échappe est mentionné par M. Bennici, et qui, tout en faisant ses réclamations, conservait dans sa bouche un reste de cigare.

Le major lui porta, assure M. Bennici, un violent coup à la tête, afin de le rappeler au respect.

On les fusilla enfin à la tombée de la nuit. Le même malheureux jeune homme fut manqué et resta couvert de blessures sous le monceau de ses camarades roides morts. Il retint d'abord ses plaintes, mais dans la nuit, les gémissements qu'il ne put contenir éclatèrent et retentirent jusqu'au jour. Des soldats alors arrivèrent, puis le major, et le chirurgien du bataillon, qui examina le patient et déclara qu'aucune de ses blessures n'étant mortelle, il répondait de le guérir. Le major accueillit cette assurance par l'ordre d'achever le malheureux, ce qui fut fait incontinent, et si consciencieusement cette fois, que la tête fut presque séparée du tronc.

Tel est l'affreux récit de M. Bennici, jeune

homme qui m'a paru d'une loyauté et d'une franchise à toute épreuve et que le général ne traiterait pas comme un des siens, s'il n'eût reconnu en lui ce double caractère. Du reste, le fait des fusillades sans jugement n'est pas contesté.

Le ministère a même couvert M. de Villata en faisant déclarer que cet officier, qui a reçu de l'avancement, n'avait agi que par ses ordres et qu'une salutaire terreur pouvait seule maintenir la discipline dans l'armée. Sans vouloir entrer dans la discussion de cette théorie qui mène loin, je ne puis m'empêcher de plaindre de toute mon âme celui qui a donné cet ordre et celui qui l'a exécuté.

On parla le soir, au souper, de cette affaire et de M. de Villata devant le général, qui dit de ce dernier : « Ce doit être un *codardo*, » et n'ajouta pas un seul mot à ce jugement dédaigneux. Il convient d'ailleurs d'ajouter, pour être tout à fait impartial, que M. de Villata paraît avoir fait son devoir et a été blessé à la partie de la bataille de Solferino, qui porte en Italie le nom de bataille de San-Martino.

Les autres garibaldiens habitant Caprera sont : MM. Fruscianti, Larice, Sgarellino, Bonetti, Galeani; ce dernier, mari de la dame de compagnie de madame Theresa Canzio qui l'aide dans le soin des enfants, et qui est en même temps un peu la gouvernante de la maison; Pietro, que j'ai déjà nommé, et Maurizio, ordonnance du colonel.

Ces deux derniers font le service intérieur de la maison. Pietro est chargé de la cuisine, et Maurizio a le soin de veiller spécialement au service des chambres. Ne croyez pas que l'humilité de ces fonctions les ravale le moins du monde. C'est ici un couvent politique et une sorte de Ménilmontant social où l'égalité règne et où chacun ne s'incline que devant l'immense ascendant et l'irrésistible prestige du général. Pietro et Maurizio auront voix au chapitre, tout aussi bien que d'autres, si quelque occasion de délibérer se présente, et pas n'est besoin d'ajouter qu'ils se battront comme des lions, si celle de tirer l'épée arrive aussi.

Tous ont d'ailleurs la loyauté et la cordialité peintes sur la figure. Tous m'accueillent et viennent causer avec moi un peu, tour à tour, avec une ouverture de cœur et de visage qui me gagne l'âme et est bien faite pour cela.

Tous aussi s'occupent pour complaire et ressembler le plus possible au général, qui n'est jamais inactif et travaille sans cesse d'une façon ou d'une autre.

Ceux qui ne mettent pas directement la main à la manœuvre et n'y ont pas de fonctions nettement tracées chassent et pêchent pour l'alimentation de la petite colonie. Outre les animaux sauvages que j'ai déjà indiqués, l'île contient du perdreau, du lièvre, de la caille et de la bécasse, au temps des passages ; plus des faisans qu'on y a mis, et qui paraissent avoir bien réussi. On va de temps en temps en Sardaigne courre un cerf, un chevreuil, un sanglier ou un mouflon, mouton sauvage qui ne se trouve absolument que dans cette île.

La mer environnante est assez poissonneuse, et on y pêche de différentes façons, mais particulièrement la nuit, au trident, à la lueur de fagots d'agaccio embrasés qui attire à fleur d'eau la proie convoitée. Il faut beaucoup d'adresse et de coup d'œil pour harponner ainsi le léger et fugace habitant des mers ; mais on les acquiert avec de la persévérance. Plusieurs des habitants de l'île excellent à ce difficile exercice, et cette pêche est au plus haut point amusante, émouvante même.

Parmi les poissons qui sont souvent la proie du pêcheur dans ces parages tourmentés et hérissés de tant d'écueils, se trouve la murène, cette belle anguille tachetée de vert et de blanc dont les Romains faisaient tant de cas, et qui mérite toute sa réputation antique sans qu'il soit besoin de l'engraisser avec de la chair d'esclaves, pour en faire un mets délicieux.

Somme toute, une vie bonne et saine, hygiénique et pure, au grand jour, devant Dieu, et je comprends que ceux qui l'ont un temps goûtée se résignent mal à y renoncer.

VIII. — VEILLÉE, NUIT ET MATINÉE A CAPRERA.

Après le repas de huit heures, très-simple, mais très-suffisant comme le dîner, le général s'est levé et m'a dit : « Excusez-moi, mais je ne suis bon à rien le soir. » Et il s'est retiré, selon son habitude, dans sa chambre pour n'en plus sortir que le lendemain de grand matin.

Comme la soirée était fort belle, nous avons veillé assez tard en plein air, en devisant et en fumant. Madame Thérésa, la fille du général, a, de sa voix sonore, dit de jolies chansons italiennes, et nous avons eu grand plaisir à l'écouter.

De circuits en circuits, la conversation, tantôt individuelle et tantôt générale, est tombée sur la question de savoir si un coup de main pourrait être tenté utilement contre Caprera. On était encore sous l'impression du crime affreux de Booth et de Harold. Puis, en juillet 1861, il y eut la nuit, tirés dans l'île, des coups de fusil dont on ne sut jamais la cause.

— Un homme de l'importance du général, a dit l'un, doit être fort gênant pour de certains partis et de certaines personnes. Tous les héros, toutes les grandes individualités ont été l'objet d'attentats ou d'essais d'attentat.

— Vous voulez dire : tous les tyrans, objecta un autre. Ceux-là ont beau se garder, la plupart finissent par tomber sous le fer du meurtrier que l'oppression a rendu fou de colère et de haine.

— Cependant, voyez Lincoln.

— Lincoln est mort victime de passions sauvages, effrénées, fanatiques, telles que le Nouveau Monde peut en offrir, mais qui ne germent plus dans l'ancien.

— Qui a armé en France la main de Ravaillac et de Clément?

— Ceux-là qui ont pu faire la Saint-Barthélemy

Mais les temps sont aujourd'hui bien changés. La catholicité était alors à l'Europe ce que le Sud vient d'être si longtemps aux Etats-Unis. Elle voulait maintenir l'esclavage des âmes et elle trouvait des malheureux pour le croire sauvegarder en sacrifiant leur vie par le couteau, par le poignard.

— Et aujourd'hui?

— Aujourd'hui, elle le veut encore, mais par des intérêts et non par des croyances. Il y a des gens pieux sincèrement et de bons prêtres ! Ceux-là sont hors de cause en une telle question. Mais elle ne trouverait plus aujourd'hui de sicaires fervents et pleins de foi pour affronter, en tuant le prochain, quel qu'il soit, une mort à peu près certaine.

— C'est parfaitement juste et vrai, dit un troisième. Et puis, ajoutons qu'il ne serait pas si facile d'aborder Caprera, la nuit surtout, puisque nous-mêmes, qui connaissons bien ces parages, évitons de les parcourir nuitamment. Se cacher le jour est impossible. C'est ici un observatoire d'où nous voyons tout ce qui se passe, tout ce qui arrive, tout ce qui aborde, tout ce qui navigue dans nos eaux. La moindre coque de noix ne peut nous échapper; Supposons cependant qu'on parvienne, je cherche en vain comment, à pénétrer clandestinement jusqu'aux alentours de l'habitation : les chiens aboient, tout le monde ne dort pas en même temps ; y compris les gens de service, nous sommes ici vingt hommes déterminés qui, en un clin d'œil, ont sauté sur leurs armes et se trouvent debout pour repousser les assaillants. Que l'on s'y frotte et on verra.

La conclusion de ce dialogue, très-rassurante et très-sensée selon moi, fut que le général était fort en sûreté dans son nid de rochers, et que d'ailleurs ses plus acharnés adversaires étaient tellement frappés d'admiration pour lui, par le privilége d'une grandeur qu'on ne saurait trouver qu'à l'état fabuleux dans les époques légendaires, qu'il n'y avait nulle apparence qu'une pensée d'agression pût venir à l'esprit d'aucun de ses ennemis. Si le glaive tomba des mains du soldat cimbre envoyé contre Marius, quelle serait l'attitude d'un autre Scandinave ou d'un aborigène de n'importe quel lieu, en présence de la majesté d'un héros qui n'a jamais proscrit personne, bien que lui-même ait été si souvent proscrit, et qui vaut mille Marius?

La crainte fut donc jugée chimérique; mais telle quelle, elle témoigne chez les habitants de Caprera d'une sollicitude filiale pour le glorieux chef que j'eus plaisir à constater.

Rentré assez tard dans ma chambre, j'y fus assez longtemps encore, et sur la terrasse adjacente, sans pouvoir me décider à y dormir. La nuit était sereine, étoilée, admirable. Il règne parfois ici, m'a dit le général, des ouragans comparables à ceux des Antilles, et qui font trembler la maison à croire qu'elle va être emportée. Mais, quoique la fraîcheur s'élevât graduellement de la mer, à peine sentait-on le plus léger souffle de vent. Je me couchai enfin, me levai d'assez bonne heure, et, après avoir reçu des mains du bon Pietro une tasse de café coupée d'un lait exquis, je fus me promener dans l'île. Là, je pus constater les heureux résultats de la persévérance du général et de son âpreté au travail. Je vis ses champs à blé, ses vignes, ses prairies, ses plantations d'arbres fruitiers, relativement magnifiques, ses pommiers, ses nombreux figuiers encore petits pour la plupart, mais promettant une luxuriante croissance. Une pépinière de cyprès fournira plus tard de bons arbres contre le vent, qui est le grand ennemi de toute cette intelligente et prévoyante culture.

Je suivais cette vallée ou ce ravin de l'ouest, qui est, je crois, la partie la plus cultivable de l'île, et j'étais arrivé près d'un beau saule-pleureur, lorsque j'entendis à peu de distance de moi des coups de pioche et tout le mouvement d'un travail de plusieurs hommes. En même temps, une voix vibrante et amicale, celle du général, que je ne voyais pas, m'envoya le bonjour à travers le feuillage. Je me hâtai de franchir, en enjambant force rocs, la courte distance qui me séparait de lui, et fus bientôt à ses côtés. Il était là, présidant depuis le matin au creusement d'un puits de peu de profondeur, où déjà apparaissait l'eau sous le pic de quatre ou cinq ouvriers.

— Avez-vous bien dormi? me dit-il.

— Trop bien, général; car j'aurais voulu être éveillé plus longtemps pour mieux sentir le bonheur d'être sous votre toit et l'honneur que vous m'avez fait. Heureusement, j'ai pour moi à cet effet l'avenir et le souvenir, qui ne me feront point défaut.

— Vous voyez, nous creusons des puits. Il nous en faut beaucoup ici pour les bestiaux. Mais nous recontrons, par malheur, d'assez grandes difficultés.

— L'eau pourtant vous vient assez vite.

— Oui, mais le terrain est sablonneux, et nous avons à chaque instant des éboulements. Voyez plutôt.

Effectivement, le sable était confondu avec l'eau

à deux ou trois mètres de profondeur que pouvait avoir la large excavation, et un grand travail devait être encore nécessaire pour l'en désagréger entièrement.

— Quelle conquête vous avez faite sur une nature si rebelle! repris-je, et quelle constance, que de laborieux efforts n'a-t-il pas fallu pour obtenir les résultats que je vous vois!

— Une conquête longue, me dit-il.

— Oui, lui répondis-je; on en a vu qui ont duré moins que cela.

Le général sourit, et craignant de le déranger par une station plus longue, je pris congé de lui et continuai ma promenade dans la direction de la mer.

Après avoir passé près d'un bel abreuvoir en briques de faïence au milieu duquel s'incruste, en large mosaïque, un cheval au galop, j'atteignis le rivage et j'y restai longtemps à regarder la mer doucement déferlée sur la plage toute couverte de galets multicolores parmi lesquels quelques coquillages nacrés. A droite, l'*Ondine* se balançait mollement sur ses ancres. A ma gauche s'étendait une vaste prairie dans laquelle paissent et stationnent jour et nuit les bestiaux, comme dans notre normande vallée d'Auge. Seulement les pâturages étaient secs et demandaient une pluie qui, je le crains, a dû longtemps se faire attendre.

Je ne m'arrachai pas sans peine à ce spectacle à la fois agreste et nautique pour retourner à la maison. En y arrivant, je trouvai sur le seuil, avec deux chiens d'aspect terrible, au pelage court et foncé, à l'œil menaçant et sauvage et aux mâchoires formidables, un montagnard sarde pur sang et en costume national. C'est un homme de moyenne taille, brun, maigre, sec, favoris noirs et figure en lame de couteau, coiffé d'un bonnet noir à l'arnaute, dont un long pan carré retombe sur la nuque, portant larges boucles d'oreilles en or et vêtu d'un kalpack ou tunique de velours. Il est venu de la montagne avec ses deux chiens, propres à cette chasse, pour aider M. Menotti à prendre dans la matinée un âne sauvage. Mais ils n'ont pu y réussir. Le farouche pachyderme a détalé avec une telle rapidité que l'on n'a pu l'atteindre dans les sommets rocheux où il a cherché un refuge.

IX. — DÉPART ET RETOUR.

Le général m'avait dit spontanément la veille qu'il me chargerait de lettres pour deux personnes de ses amies. Effectivement, il est revenu des champs aujourd'hui 19 juillet de meilleure heure que d'habitude, et il m'a remis au dîner final précédant le départ ces lettres, que j'ai serrées précieusement dans mon portefeuille, avec toute la conscience du plaisir que j'allais apporter aux destinataires.

J'ai demandé au général s'il ne serait pas disposé à venir visiter quelque jour en France beaucoup d'amis qu'il y a, et dont il ne se doute pas peut-être, comme il est allé voir naguère ceux qu'il compte en si grand nombre en Angleterre.

Le général, qu'on a tant accusé de nous détester, me répond qu'il n'aurait à cela que plaisir.

La question est de savoir quel accueil lui ferait aux frontières le gouvernement français. Le général m'a raconté qu'ayant à traverser la France en 1856 pour se rendre en Angleterre, il n'obtint de le pouvoir faire, et cela par l'entremise de M. Walewski, de la courtoisie de qui il se loue en cette circonstance, qu'avec un passe-port portant un autre nom que le sien.

Garibaldi ne venant point nous conquérir, j'ai peine à croire qu'un gouvernement aussi fort que le régime actuel imposât même cette entrave à un homme seul, si grand qu'il soit, venant visiter notre pays et les politiques qui, parmi nous, l'ont appuyé moralement avec une sympathie égale à leur admiration de ses grands actes et de son noble caractère.

Cependant je crains qu'il ne faille ajourner, si bonne qu'elle soit, l'exécution de cette pensée jusqu'au couronnement de notre édifice, c'est-à-dire jusqu'à des calendes et des ides encore indéterminées.

Après le dîner, le général est entré dans sa chambre, où il a appelé successivement son fils Menotti et son fils Ricciotti, qui, on s'en souvient, va partir pour l'Angleterre par le paquebot qui emmènera M. Luciani à Gênes et moi à Livourne. Pendant ce temps, nous faisons nos préparatifs de mise en route.

A l'issue de ces entretiens, après avoir donné ses

8.

instructions et conseils à son jeune fils, le général paraît sur le seuil de sa chambre; chacun se découvre avec respect. Je m'avance pour lui dire adieu, le remercier une dernière fois du grand honneur de son accueil, qui restera toujours gravé dans ma mémoire et dans mon cœur, et serrer sa main glorieuse. Il prend la mienne, la presse, et en même temps me donne un embrassement cordial. Il me charge de beaucoup de compliments affectueux pour les amis de France, et très-particulièrement pour l'honorable directeur politique du *Siècle*.

Je le quitte enfin, bien ému. Nous partons dans deux directions pour le petit et le grand port. MM. Menotti, Ricciotti et les camarades qui veulent accompagner ce dernier jusqu'à la Madeleine s'embarquent dans le grand canot qui m'a amené à Caprera l'avant-veille, et moi dans la petite barque où je suis revenu hier de la Madeleine et au patron de laquelle j'ai dit de revenir aujourd'hui, ignorant alors le départ si proche de M. Ricciotti. Du reste, la précaution n'a pas été de luxe, car le canot est très-chargé et nous avons vent d'ouest, c'est-à-dire diamétralement contraire. Il faudra tirer des bordées ou user de la rame, moyens également lents.

L'aimable M. Pastore veut bien me tenir compagnie dans ma petite embarcation et me faire jouir de son entretien enjoué et pour moi toujours instructif. La brise a fraîchi et nous dansons assez sur la petite mer intérieure qui baigne les plages de Caprera. Nous sommes de temps en temps aspergés par la lame que brise l'avant du bateau ; mais ce bain ne me déplaît point pour ma part, et je goûte avec une sorte de volupté sans mélange de malaise ce mouvement de balancelle.

Nous retrouvons les passagers du canot à la Madeleine, d'où tous ces messieurs veulent suivre jusque sur la *Sardegna* le second fils du général partant pour un séjour à l'étranger qui sera long. Le capitaine Caranza est tout heureux de recevoir à son bord ce jeune homme, cet enfant de son héros, dont il y a trois jours il faisait une si vive et si juste louange. Sa physionomie renfrognée s'en adoucit; il est gai presque, et l'ordinaire du paquebot, toujours bon, témoigne encore, par une amélioration très-marquée durant la traversée de Caprera à Livourne, du plaisir qu'il a à posséder un tel hôte.

Nous avons échangé les meilleurs adieux avec M. Menotti et ses compagnons insulaires. Après avoir complété ses chargements à la Madeleine, le capitaine fait lever l'ancre à trois heures de l'après-midi ; nous suivons les bouches de Bonifacio, et nous pouvons compter les écueils qui s'y dressent en si grand nombre, sans parler de ceux qui demeurent invisibles et qui sont les plus dangereux. Nous avons d'ailleurs une mer aussi paisible et aussi belle que celle qui m'a porté de Livourne à Caprera.

Parmi nos passagers, nous avons beaucoup de femmes corses, livournaises et sardes, un nouveau capucin (il en faut toujours au moins un en tout véhicule de terre ou de mer), et deux forçats accouplés, que l'on conduit à Gênes. Ces deux malheureux (j'emploie cette locution par habitude) sont très-jeunes et de visages remarquablement souriants. Ils causent, plaisantent et rient entre eux. Est-ce un effet de l'éblouissant et exhilarant soleil qui règne sur nos têtes?. Je ne sais pas, et j'aime à croire pour leurs juges que cette grande bonne humeur n'est pas le résultat et l'indice de la pureté de leur conscience..

Du reste, la condition du forçat en Italie n'entraîne pas à beaucoup près la même dégradation, et est loin d'être vue du même œil qu'en France.

Sous l'empire de la passion ou de la superstition, il se commet chez nos voisins et amis d'au delà des monts beaucoup de crimes bizarres et romanesques qui entraînent le châtiment, mais non la honte, et encore ce châtiment est-il habituellement fort modéré, à Rome surtout, où l'on fait beaucoup de forçats. Là, le meurtre d'un homme vaut juridiquement dix ans de bagne; c'est un prix fait; mais à moins d'inconduite flagrante, cas assez rare, on est gracié au bout de deux ans.

Il paraît que le corps des anciens forçats a le privilége de fournir d'excellents domestiques, et le bagne est en permanence une sorte de bureau de placement où l'on s'inscrit d'avance, et en foule, pour avoir de ces bons sujets-là à mesure qu'ils sortent par expiration de leur peine ou obtention de leur grâce. Le prince Borghèse en emploie trois cents pour sa part.

Un de mes amis, Français, qui habite l'Italie et la connaît à fond, m'a raconté que, se rendant un jour dans l'État romain, chez un propriétaire lié avec lui qui lui avait offert l'hospitalité de sa villa pour quelques jours, et ayant à franchir pour s'y rendre un passage difficile et désert, son hôte futur envoya au-devant de lui pour guide un garçon de bonne mine et fort doux de manières, mais qui lui conta en route tranquillement qu'il sortait du bagne de Civita-Vecchia.

— Et pour quel crime? lui demanda le voyageur.

— *Una coltellata, signore.*

— Suivie de mort.

— *Si.*

Mon ami, pour lors au milieu des bois, ne se trouva, il l'avoue, qu'à demi rassuré. Mais il le fut complétement à l'arrivée, lorsque son hôte lui eut narré la petite historiette suivante, qui sent bien son terroir et est profondément italienne :

Ce garçon était amoureux d'une jeune fille éprise d'un autre, comme cela arrive presque toujours dans les romans et ailleurs. Par la même raison et le même ricochet, le préféré trompa et dédaigna celle qui se mourait d'amour pour lui. Alors, celle-ci, chassant résolûment de son cœur toute tendresse, et, comme Armide, appelant la Haine à son secours, dit à celui qu'elle rebutait, en lui montrant son infidèle : « Tue-le et je suis à toi. Tu seras envoyé au bagne, tu en sortiras au bout de deux ans. Nous nous épouserons alors ; je t'attendrai. »

Cela se fit de point en point. Le volage reçut un

coup de couteau mortel. Le meurtrier eut pour deux ans *de l'occupation sur mer;* il y avait seulement quelques mois qu'il en était exonéré; il avait dans l'intervalle épousé son Hermione, plus sincère et de plus de volonté que l'autre, et ils formaient depuis le plus heureux, le plus doux, le plus paisible des ménages.

Il y eut, dans la même année, un autre également gracié après le temps habituel, qui, apprenant qu'un homme de son village avait commis un gros et horrible blasphème, l'avait tué, pensant être agréable au pape.

Il n'y a qu'un point sur lequel la justice papale ne plaisante point, outre les délits politiques, envers lesquels on sait comme elle se comporte : c'est le fait de sacrilége, et en voici un exemple. Un brigand fameux et sa bande infestaient la campagne romaine. Pour une raison ou pour une autre, on le traitait avec une extrême tolérance, et, prudence ou consigne, les carabiniers qui étaient censés le chercher prenaient volontiers la direction opposée à celle dans laquelle on le leur signalait. Ne faut-il pas que tout le monde vive?

Un jour, enhardi par cette grande impunité et ces parfaits égards que l'on avait pour lui, l'effronté osa irréligieusement enlever nuitamment de l'église principale d'une petite ville des environs de Rome une madone très-révérée et dont on s'apprêtait à célébrer très-pompeusement la fête sous peu de jours. Le bandit le savait bien, et il n'ignorait pas non plus que, pour recouvrer cette sainte image et ne pas faire manquer la fête, on lui payerait toute la rançon qu'il lui conviendrait d'exiger.

On ne marchanda point en effet; seulement, quand il vint au rendez-vous pris pour toucher la somme convenue, il tomba dans une embuscade de gendarmes et de soldats qui s'emparèrent de lui et de toute la bande. On les mena à Rome, on les condamna à mort, et sans rémission ni pitié, ils furent tous guillotinés.

Le lendemain de notre départ, 19 juillet, au point du jour, nous touchons de nouveau à Bastia, et un peu après midi, nous mouillons devant Livourne, où le service de santé retarde assez longtemps notre débarquement. Déjà la crainte du choléra qui régnait alors si violemment à Ancône avait gagné Livourne, et les précautions habituelles, les interrogatoires, les examens de papiers de bord avaient naturellement redoublé. Nous n'avions, heureusement, aucun cas suspect, et, après avoir reçu enfin la visite de l'agent sanitaire. nous fûmes admis à la libre pratique et pûmes enfin descendre à terre.

Comme la *Sardegna* avait à stationner toute la journée devant Livourne et ne devait reprendre la mer qu'à nuit close pour gagner de là Gênes, M. Ricciotti voulut bien m'engager, avec M. Luciani, à faire avec lui le diner de séparation et d'adieu. Nous nous retrouvâmes donc le soir, à cinq heures, dans le joli petit enclos du *Giardinetto*, qui est le meilleur cabaret de Livourne, et où quelques garibaldiens, amis de ces messieurs, vinrent se grouper autour de nous.

Nous achevâmes ensuite la soirée chez un brave patriote qui conserve pieusement comme un dépôt sacré et nous montra le drapeau qui guida les phalanges garibaldiennes dans la mémorable campagne du nord de la Lombardie en 1859; l'année suivante à Marsala, à Calatafimi, à Palerme, à Melazzo, à Reggio, à Naples, au Volturne, et deux ans après à Aspromonte. Sa soie rouge est chargée d'inscriptions relatant ces expéditions et ces dates. Il est en bon état de conservation; malgré tant de rudes mêlées, d'intempéries souffertes, il est encore prêt à servir.

Nous accompagnâmes enfin MM. Ricciotti et Luciani au port, où il fallut se séparer, et où j'échangeai de grand cœur avec ces deux bons et braves jeunes gens une fraternelle accolade.

Avant de me quitter et sur le bateau même, M. Luciani m'a dit une chose qui m'a fait le plus grand plaisir : c'est que le général, après en avoir longuement délibéré, et dans leur entretien final sur la direction politique intérieure et extérieure à donner au futur *Campidoglio*, lui a signalé, comme devant être préférée à toute autre, *l'alliance française*.

X. — DU RÔLE ET DE L'INFLUENCE POLITIQUES DE GARIBALDI A CAPRERA.

J'ai, dans les pages qui précèdent, raconté exactement ce que j'ai vu et entendu. Je n'ai rien mis du mien ; je n'ai été qu'un photographe attentif et consciencieux, et le lecteur, qui, je l'espère, s'en sera aperçu sans peine, me saura gré, j'en suis certain, de cet effacement et de cette abstention de tout procédé de retouche dans un sujet où non-seulement la vérité est suffisante et au delà, mais où elle seule peut plaire.

Je jette maintenant un coup d'œil pour finir sur l'influence et le caractère possible, réel même, et évident, suivant moi, au point de vue de l'Italie, et, politiquement parlant, de cette grande retraite, de ce quasi exil volontaire à Caprera.

On a dit que Garibaldi, avec l'invincible prestige de sa vie héroïque et de ses grandes actions, était un État dans l'État. Cela a été un temps, et cela est encore moralement, si l'on songe que la popularité du libérateur des Deux-Siciles est toujours aussi grande en Italie qu'au lendemain de l'entrée à Naples, et qu'on y trouve partout son image accouplée à celle du roi, et souvent seule.

Il faut avoir l'âme bien haute, — et je ne juge point du tout Victor-Emmanuel un souverain au-dessous de cette élévation de cœur, — pour admettre, disons le mot, pour souffrir avec constance cette grandeur inouïe d'un simple citoyen, cette espèce d'assimilation d'un particulier à soi-même, quand on est assis sur le trône. On a beau chercher dans l'histoire, on n'y trouve rien d'analogue à cet étonnant dualisme, d'approchant même, parce qu'on n'y rencontre non plus rien qui ressemble aux actes, au désintéressement, au noble caractère du héros de l'Italie régénérée. On a vu sous des républiques des citoyens rentrer de leur plein gré et se confondre dans la vie privée, après de grandes victoires ou autres grands services rendus à leur pays; mais sous des monarchies, cela est introuvable. On a vu des sujets puissants, comme Warwick, comme Wallenstein, comme la plupart des Césars faits de main prétorienne et improvisés dans les camps, faire trembler leurs maîtres encore plus que les ennemis de ces maîtres; mais c'était pour les remplacer, ou tout au moins pour satisfaire des ambitions d'argent, de pouvoir, toutes sortes de cupidités effrénées.

Ici, non-seulement rien de pareil, mais le plus saisissant contraste à ces avidités sans bornes et au spectacle encore si voisin de nous de provinces pressurées, rongées comme une proie que l'on dénude jusqu'à l'os, par d'heureux conquérants dont on achète ainsi, non la soumission, mais la tacite promesse de ne point piller ni engloutir tout le reste. Le trop célèbre duc de Friedland frappa un milliard sur la seule Bohême. Les soldats de Garibaldi, sans tentes, sans matériel, sans solde, ont vécu la plupart du temps de pain, d'eau et de pommes de terre, comme leur illustre chef lui-même, et n'ont demandé rien au delà.

On a beau chercher, dis-je, on ne voit qu'une femme, une villageoise, une Jeanne Darc, qui, ayant repris le cœur de la France à l'étranger et fait couronner son roi, demande, pour se retirer sous son humble toit, un congé qui, malheureusement pour l'histoire de l'humanité et pour elle, ne lui est point accordé.

C'est là le seul grand fait historique qui puisse se rapprocher des épiques hauts faits de celui qui est aujourd'hui le solitaire de Caprera. Il n'y a point d'ailleurs, chez celui-ci, comme chez l'héroïne de Domrémy, trace d'illuminisme. Un raisonnement très-froid et très-sagace, un esprit très-prévoyant et très pratique, guide toujours ses inspirations intérieures et ses élans, en apparence les plus inconscients et les plus spontanés. On dit qu'il réfléchit beaucoup avant d'entreprendre l'incroyable expédition qui débuta par Marsala pour aboutir à la possession de Naples, et je le crois facilement. Il n'a donc point à craindre d'être traité à son tour en sorcier, en dépit de l'espèce de pouvoir magique qu'il a mis au service de ses entreprises et qui en a fait le triomphal succès. Mais, si le bûcher ne se dresse plus de nos jours, au grand regret peut-être des admirateurs de saint Pie V, de l'inquisition et de saint Dominique, chaque époque, chaque peuple pourtant a sa manière de brûler, et il s'en est aperçu.

Il s'est relevé, grâce à Dieu, vivant, intact et aussi viril que jamais du milieu des cendres où longtemps on a pu craindre qu'il ne restât enseveli. Son action et son influence, je l'ai dit déjà et je le répète parce que c'est la vérité pure mille fois constatée par moi en Italie, n'en ont point été amoindries. Cette action et cette influence gagnent encore à s'exercer de loin et du sein d'une retraite honorable, honorée, active, qui leur ajoute l'appoint d'un prestige non cherché et tout involontaire, car l'homme qui l'habite est le moins solennel, le moins affecté, et au contraire le plus simple et le plus naturel qui existe.

La grande action politique que Garibaldi y conserve se produit de deux manières : l'une directe et l'autre indirecte.

La directe est la plus rare. Un homme de cette trempe et de cette volée n'est pas de ceux qui puissent aisément ni utilement s'astreindre soit à l'expédition d'affaires courantes et secondaires, soit à un train-train parlementaire, comme la votation quotidienne par assis et levé, de cette masse d'amendements, de sous-amendements, d'articles, de projets de lois qui défrayent et remplissent une législature. Il n'est et ne peut être l'homme de tous les jours. Mais, de temps en temps, du sein de sa solitude et du nuage dont il aime à s'y entourer, part un éclair, et il reparaît, soit pour agir, soit pour porter une parole qui équivaut à l'action, au parlement ou ailleurs. Ce qu'il fait, ce qu'il dit effraye les timides, déroute les irrésolus, met en garde les circonspects ; il en est qui crient au coup de tête, à la folie même, mais que lui importe ? Avant que les clameurs d'une part, les applaudissements enthousiastes de l'autre, aient cessé, il a porté le coup en vue duquel il s'est momentanément arraché à sa chère retraite, et dont la vibration, qui durera longtemps, produira son effet plus tard.

Quand il vint à Turin, en 1861, demander compte au parlement et au ministère de leur peu de justice envers ses volontaires et du non-armement de l'Italie, reproches auxquels il fut répondu assez mal, que de tumultes et de vociférations ne s'élevèrent-ils pas contre lui ! Et cependant justice au moins relative fut rendue aux volontaires garibaldiens, et l'Italie s'arma, un peu trop même, selon certains esprits dont je ne puis à ce sujet partager les doctrines. Lorsque l'on a vu l'Angleterre s'endetter de vingt milliards pour tâcher d'étouffer la révolution française, et les États-Unis du double pour comprimer et éteindre la rébellion sudiste, l'Italie, qui n'en est pas là à beaucoup près, et qui a en elle toutes les ressources nécessaires pour consommer ce sacrifice, peut bien affronter quelque chose d'analogue pour compléter l'œuvre de son indépendance nationale. Cet effort même, en secouant l'ancienne apathie dont elle sort à peine, lui fera trouver en elle-même ce qui lui manque encore, développera les puissants germes de sa richesse naturelle, et en fera jaillir pour elle de nouvelles sources. Les hommes ne s'avancent guère que sous une impulsion qui les force à marcher, et sous *le fouet sanglant de la nécessité*, et ce n'est pas seulement *le pouvoir*, selon la vive et forte expression de Royer-Collard, mais la vie collective ou individuelle qui n'est pas et ne saurait être *une tente dressée pour le repos*.

Je ne puis, comme Français, exprimer de sentiment personnel sur ce qui est relatif au mouvement d'Aspromonte ; mais il est licite de croire que, même matériellement avorté, ce mouvement dut donner beaucoup à réfléchir au gouvernement italien, à d'autres peut-être, et ne fut pas absolument dénué de connexité avec la convention consécutive du 15 septembre.

Indirectement, l'action politique et morale de Garibaldi est encore bien plus grande, car elle est permanente, et il n'a besoin de rien faire pour l'exercer. Quel est celui d'entre nous qui, faisant une action quelconque, douteuse pour lui peut-être, ne se sera pas dit souvent : Qu'en pensera un tel? Et cet *un tel*, c'est toujours l'homme rare que l'on vénère et estime, bien qu'on en ait et quelquefois malgré soi !

Eh bien ! les nations ont une conscience comme les individus, aussi claire, aussi exigeante parmi celles-là que chez ceux-ci. Seulement cette conscience est, par le nombre et par cette espèce de lucidité spéciale, mystérieuse et inexpliquée, qui naît au milieu du grand nombre, plus que centuplée, portée à son *summum* d'intensité chez un grand peuple.

Peut-on penser que les ministres de ce peuple n'y participent pas, malgré leur peu de penchant pour l'homme qui les trouble et dont le silence même est pour eux alternativement un blâme et une menace? Non, non, cela est impossible, et, après avoir repris officiellement, repris ou réprimé ce qu'ils traitent d'acte prématuré et téméraire, ne sont-ils pas, bon gré mal gré, contraints d'engrener dans la voie droite et directe que leur trace le patriotisme en sa plus haute incarnation, et ayant derrière lui la portion la plus vivace et la plus incandescente du pays?

Voilà pourquoi, si Turin a été la capitale temporaire de l'Italie, et si Florence l'est à son tour à titre très-provisoire aussi, on peut le croire, Caprera est et sera longtemps, j'espère, la vigie non envieuse, non malveillante, mais attentive, de la marche du pouvoir, comme la métropole de la démocratie, de l'indépendance du pays et des libertés italiennes.

VI

GARIBALDI HOMME DE GUERRE.

Comme le propre du génie, le sort inévitable du mérite hors ligne est d'être toujours contesté, méconnu, ou de l'être du moins le plus longtemps possible et jusqu'à ce qu'enfin l'esprit de rapetissement et de dénigrement doive se déclarer battu par l'évidence, on n'a pas manqué de prétendre que Garibaldi n'était capable que de bien mener une guerre de partisans peu nombreux. Tout récemment encore, M. Petruccelli della Gattina, ex-député au parlement de Turin et actuellement correspondant italien du *Journal des Débats*, écrivait à cette feuille que 50,000 hommes, aux ordres de Garibaldi, c'était trop de moitié au moins : qu'à peine en pouvait-il manœuvrer 25,000, et que son impulsion se perdait là où ne pouvaient s'étendre sa vue, son action directe, le prestige de sa puissance personnelle.

Nous n'avons pas la compétence nécessaire pour juger des choses militaires; mais M. Petruccelli ne l'a pas plus que nous, et son assertion nous paraît d'autant plus téméraire, qu'elle ne peut avoir qu'un effet : celui de décourager les Italiens, qui comptent infiniment sur l'œuvre et l'emploi des forces vives aux mains de Garibaldi, et de ranimer par contre la confiance des Autrichiens, qui redoutent énormément les volontaires et leur chef.

Au reste, l'opinion émise par M. Petruccelli ne lui est pas propre, et elle n'est qu'une redite de préjugés anciennement accrédités et entretenus par l'esprit malveillant, qui n'a jamais pu se contraindre, d'officiers haut placés dans l'armée régulière.

Les généraux qui ont servi sous Garibaldi, bien qu'aujourd'hui passés à leur tour à l'état de réguliers, ont une opinion toute contraire. Ils lui trouvent les plus éminentes qualités de l'homme de guerre et n'hésitent pas à lui attribuer le génie, c'est-à-dire une constante faculté de combinaisons variées à l'infini et à lui propres. Il ne fait la guerre comme personne, et il est positivement l'inventeur d'une tactique toute nouvelle, toute personnelle à lui, et par laquelle, depuis Tapone di Venanzia jusqu'à la bataille du Volturne, il a toujours déjoué et vaincu ses ennemis.

Ce n'était pas un petit corps qu'il avait sous ses ordres à cette dernière bataille; et cependant, avec des forces inégales, peu ou presque point d'artillerie, il tint deux jours en échec l'armée napolitaine et finalement la battit.

De même que le grand Manin s'étonnait d'avoir pu gouverner Venise après l'avoir délivrée, ne se croyant jusque-là, disait-il de lui-même, que bon pour l'opposition, de même Garibaldi a pu avoir longtemps la modestie de penser qu'il n'était capable de bien faire manœuvrer que quelques milliers d'hommes.

Mais les Américains, qui sont d'assez bons juges, qui l'avaient vu à l'œuvre dans la république argentine et qui l'avaient suivi depuis avec admiration et attention dans ses hauts faits d'Europe, se rendirent mieux compte que ses concitoyens de ce qu'un pareil homme saurait et pourrait faire. Lorsque leur Union se rompit, les fédéraux, ceux qui défendaient sous Lincoln les droits de la justice et de l'humanité, lui offrirent immédiatement le commandement général du *million de soldats* au moins qu'allait mettre sur pied le Nord. Est-ce à un pur chef de partisans que des gens très-avisés sur leurs intérêts de toute nature, comme le sont les Américains, eussent eu l'ingénuité d'offrir une telle situation et de confier absolument le sort de leur République?

Non : les Grant, les Sherman, les Sheridan, les Lincoln et les Seward étaient de meilleurs juges de ce qui leur importait que M. Petruccelli et d'autres en Italie ne peuvent l'être du degré d'extension de l'aptitude et de l'action militaires de Garibaldi.

Le roi et M. de La Marmora savent, de leur côté, ce qu'ils font, et il faut leur accorder l'honneur de supposer qu'ils n'eussent point mis un si grand nombre d'hommes aux ordres du conquérant des Deux-Siciles, s'ils eussent pensé qu'un tel fardeau le paralyserait ou l'écraserait.

Garibaldi répondit, avec une cordiale simplicité, au message des États-Unis qu'il eût été heureux de se rendre à leur appel, étant l'ami de tous les peuples, mais qu'avant tout il se devait à l'Italie, qui pouvait avoir prochainement besoin de lui. On voit qu'il ne se trompait pas.

VII

GARIBALDI AU PARLEMENT

Garibaldi va rarement au Parlement. Je l'y ai vu pourtant en avril 1861, tenant le premier rang et faisant tête à tout le ministère durant une orageuse discussion de trois jours. Irrité du peu de bon vouloir que mettait le gouvernement à récompenser et à placer ses volontaires et de son peu d'empressement à armer l'Italie, comme c'était son *desideratum* perpétuel, il était venu brusquement de Caprera à Turin, où son arrivée produisit une sensation profonde. Il était malade et passa d'abord quelques jours paisiblement dans la demeure d'un ami où j'eus l'honneur de le voir pour la première fois. Puis, aussitôt remis, il se rendit au palais Carignan, pour adresser au cabinet les observations et reproches qu'il lui paraissait mériter.

L'émotion de la foule immense qui remplissait la place du palais Carignan et celle du nombreux public dont regorgeaient les tribunes de la salle des séances furent grandes, quand on vit, descendant d'un modeste fiacre qui avait peine à se frayer un passage dans cette houle humaine, apparaître en chemise rouge et en manteau gris cet homme qui venait de refuser, avec étonnement qu'on eût pu les lui offrir, cent cinquante mille francs de rente et le titre de premier citoyen de son pays. L'ovation fut grandiose et enthousiaste, et elle se maintint au même diapason chaque fois que, dans ces trois jours de discussion, l'illustre soldat législateur entra au palais ou en sortit.

— Heureusement que nous sommes à Turin (en d'autres termes dans la ville la plus froide de l'Italie, au dire des Italiens et d'elle-même). Si nous étions à Rome ou à Naples!... me disait à cette vue, en sortant avec moi de la salle des séances un journaliste officiel, naturellement ami du maintien et de la solidité du pouvoir.

Il faut ajouter que ces manifestations ne se mêlèrent d'aucun cri hostile à qui que ce soit, et que même la foule, ayant partiellement et sur d'autres points reconnu M. de Cavour, lui témoigna, par des marques de sympathie non équivoques, qu'elle était de l'avis du général Bixio et de tous les hommes sensés, et qu'avec cet instinct politique si profond souvent dans les masses, elle jugeait cet homme d'Etat nécessaire à la constitution et au bien de l'Italie.

Après que les applaudissements eurent enfin cessé dans la salle, M. Ricasoli, — arrêtons-nous un peu devant cette figure remarquable, — commença son interpellation. Je n'ai pas l'intention de vous redire ici toute cette discussion; mais je vous en dirai les points les plus saillants, et je vous montrerai à cette occasion quelques-uns des hommes qui y ont figuré avec le plus de succès, et dont la plupart étaient nouveaux aussi bien pour le Parlement que pour moi.

M. le baron Bettino Ricasoli, ancien dictateur en Toscane, dont il a préparé et conduit l'annexion d'une main sûre et d'une fermeté indomptable, est un de ces hommes qui, bien que n'étant pas précisément aimés, bien que hautains et décrivant leur cercle d'action à l'écart, exercent partout de l'influence.

Sa carrière politique ne se recommande pas par une unité complète : il a, en d'autres termes, pactisé avec le grand-duc de Toscane, qu'il contribua à restaurer en 1849. Mais personne, pour cela, ne l'accuse de trahison ni de bassesse, et on aurait tort de le faire. Il y a même des gens qui, bien que son défaut politique soit peut-être un peu de raideur et de goût à l'isolement, aiment à voir dans ces variations de conduite une preuve de souplesse, et en augurent bien pour l'avenir de cet homme d'Etat, qui passe en effet, en Italie, pour un des rares chefs de cabinet possibles.

Il a de l'ambition certainement et le montre ; mais son ambition n'a rien de petit, on le sent. Sa nature altière ne s'accommode pas facilement du second rang, et il y a paru lorsque, annonçant son interpellation et parlant de Garibaldi, il s'écria :

— Il n'y a pas en Italie de premier ni de dernier citoyen. Le général et moi, quand j'avais le pouvoir et lui le commandement de l'armée en Toscane, nous sommes promis de faire notre devoir. J'ai fait le mien.

Il disait vrai, et chacun lui rend cette justice ; mais, en parlant ainsi, M. Ricasoli oubliait que le devoir du général Garibaldi, qui a fait le sien aussi, je pense, n'allait sans doute pas jusqu'à l'obligation de prendre les Deux-Siciles, et, par cette annexion d'un splendide royaume et de dix millions d'âmes, de forcer en quelque sorte l'invasion des Marches et de l'Ombrie, contraignant ainsi l'Italie à se faire : prouesse incomparable et qui lui crée des titres sans pair et sans rival, comme son action.

Moralement, physiquement et dans tout l'ensemble de sa personne, M. Ricasoli est une de ces natures particulières dont Shakspeare a fait dire à César :

« — Défiez-vous de ces hommes maigres qui ne cherchent point le plaisir, qui vivent à l'écart des autres et semblent toujours rouler dans leur front nuageux quelque secret dessein. »

Grand et élancé, il est tout patricien des pieds à la tête. Il n'est point un orateur dans la grande acception du mot, malgré sa belle et pure diction florentine, l'élégance de sa phrase et sa facilité d'élocution. Son attitude et son langage sont ceux d'un parfait *gentleman*, et sa période est, comme sa main, toujours merveilleusement gantée ; mais sa voix est âpre et sourde, et jusqu'ici il n'a pas eu, peut-être faute d'occasions, ce souffle et ces grands mouvements qui font les princes de la parole.

Après l'expression d'un très-vif désir de conciliation, M. Ricasoli parla, comme moyen d'arriver à ce résultat, de la nécessité d'aborder et de traiter à fond l'affaire de l'Italie méridionale.

C'est à ce vœu qu'en trois points et non moins de verres d'eau sucrée, répondit un interminable rapport de M. Fanti, ministre de la guerre, reproduisant, énumérant, accumulant tous les griefs, toutes les malveillances, tous les vouloirs réactionnaires, précédemment articulés, mis en avant contre l'armée méridionale et les volontaires qui la composent, ou, pour mieux dire, la composaient.

Il faut le dire franchement, M. Fanti fut une des erreurs de M. de Cavour. Il était malencontreux, impopulaire, l'incarnation et l'emblême le plus achevé du pédantisme de caserne.

Il ne fut rien moins qu'heureux à la bataille de Novare, à la suite de laquelle, traduit en conseil de guerre, il ne dut son acquittement qu'à cette circonstance reconnue par ses juges, qu'il n'avait pas reçu les ordres nécessaires pour agir comme on eût souhaité qu'il fît; mais il en resta cette impression que l'élan et l'initiative entraient peu dans son caractère guerrier, disposition ou lacune qui se conciliait à merveille avec son formalisme étroit et sa préoccupation excessive du blanc de buffleterie et du bouton de guêtre.

Il fut encore moins heureux lorsqu'en 1860, en entrant dans les Marches, il débuta par traiter officiellement d'aventurier l'homme à qui il barrait la route et qui remontait du sud au nord, rapportant pour don d'arrivée à l'Italie les Deux-Siciles.

Un tel homme devait toujours être le nécessaire ennemi de cet élément volontaire, si puissant à certaines heures, mais qui ne marche pas sur l'échiquier stratégique et contrarie à chaque instant les saines notions de l'ordre carré ou en équerre et de l'école de peloton. Il était sans doute capable et digne d'occuper une fonction de son grade; mais politiquement et à tout autre titre, il n'était certainement pas l'homme qu'il fallait à la tête de l'Italie armée.

Le ton acerbe et le fond du rapport du général Fanti n'étaient pas faits pour calmer les esprits ni pour pousser à cette concorde recommandée par tout le monde, et spécialement par M. le baron Ricasoli. Ce n'est pas, en effet, ce qui arriva. Mais avant d'en venir au gros orage qui suivit, et particulièrement à la figure politique et oratoire du général Garibaldi, permettez-moi de vous dire quelques mots, suivant ma promesse, de trois ou quatre personnes notables qui prirent la parole avant ou depuis.

Le général Bixio s'exprima avec une netteté, un mordant, une vivacité militaires qui lui concilièrent les suffrages et toutes les sympathies de l'auditoire. Il se montra de plus, ce qui était encore mieux, plein d'impartialité et de désintéressement, car, après avoir rendu aux talents et au civisme de M. de Cavour une justice si éclatante, comprenant aux réponses du ministère et par la lecture du rapport du général Fanti qu'il avait été impossible de bien saisir quand le ministre l'avait produit à la Chambre, à cause de la volubilité de son débit, il reprit son poste garibaldien aux côtés et à la droite du général, qui avait à sa gauche M. Mauro Macchi; et c'est lui qui, dès le lendemain, annonça à la Chambre, très-impressionnée de cette détermination, que, par suite du langage tenu à leur égard par le ministre de la guerre, lui et tous les officiers généraux et supérieurs de volontaires se démettaient de leurs grades.

Si le premier discours du général Bixio ne créa pas l'entente, il jeta du moins dans un moment terrible un adoucissement bien utile dans des rouages et des ressorts alors tendus jusqu'à se rompre. Il eut de plus la bonne fortune d'amener à prendre la parole M. de Cavour, qui, bien qu'à peine remis d'une crise d'émotion, pour ne pas dire de passion extrême, fut rarement mieux inspiré que dans cette solennelle circonstance.

Onction, dignité, chaleur, finesse, dialectique, il y avait tout dans ce discours improvisé sous la pression d'une situation brûlante. Le premier ministre y sut rappeler avec un art infini ce que, dans d'autres temps, et notamment quand il s'agissait de mettre Garibaldi à leur tête, il avait spontanénément fait pour la création des volontaires, tout en glissant non moins habilement sur le peu qu'il fit depuis en leur faveur. Ce discours fut certainement un des meilleurs de M. de Cavour, parce que, moins qu'aucun autre, il fut empreint de ce caractère avant tout diplomatique qui était le côté fort et le don de prédilection, quelquefois un peu exclusif, de l'éminent homme d'Etat.

Cette discussion servit, en outre, de début parlementaire à M. Liborio Romano, qui, envoyé par sept colléges à la Chambre, y était un personnage, et dont on se montrait avec curiosité depuis quelques jours la figure méridionale et accentuée, à l'œil ardent, et la tête blanche, au sommet central de l'hémicycle et aux côtés de l'amiral Persano.

Bien qu'avocat, conséquemment orateur de profession, et bien qu'ayant parlé, selon moi dans le bon sens, M. Liborio Romano ne réussit pas complétement cette première fois. C'est peut-être un peu le défaut de son organe, qui est faible et peu vibrant, et aussi de l'emphase napolitaine qui lui fait complimenter tout le monde au superlatif et se remplir la bouche d'*illustrissimo*, d'*onorevolissimo*, et autres adjectifs renforcés et interminables.

On est désormais plus simple que cela au Parlement italien, et on a raison. Mais comme M. Romano a de l'esprit certainement, — chacun le dit et je le crois, — il se corrigera indubitablement de ce léger manque de goût, et prendra dans la Chambre la place qu'indépendamment de ses sept élections lui donne sa capacité incontestable.

Il faut citer encore, parmi les orateurs qui ont pris la parole dans cette importante discussion,

M. Cesaretto, de Gênes, qui, dans un discours trop long seulement, dit d'excellentes choses, notamment que quand même, ce qui n'est pas, les volontaires seraient une encombre et une superfluité, il faudrait savoir accepter les charges de la succession qu'on a recueillie, puisqu'on bénéficie des avantages, et quels avantages ! le plus beau royaume du monde acquis à l'Italie en six semaines, par l'effort de ces mêmes gens qu'on avait volontiers depuis l'air de traiter d'incommodes et d'inutiles.

Je mentionnerai encore M. Ugdulena, prêtre sicilien, ancien ministre des cultes à Palerme, et l'un des hommes les plus spirituels de la Chambre, qui soutint une thèse analogue avec beaucoup de chaleur, d'abondance, et qui est évidemment un orateur, mais qui a le défaut professionnel de parler un peu à tours de bras, comme le Père Gavazzi, ce qui est très-bien à Messine ou sur la place Saint-François-de-Paule, à Naples, mais est moins à sa place dans une assemblée politique et délibérante.

Il est à remarquer, du reste, que, sauf les ministres, qui soutinrent tout le choc, personne dans la Chambre ne prit la parole contre les volontaires, et que la droite, malveillante, mais silencieuse, ne sortit de son mutisme que pour crier parfois : A l'ordre !

J'arrive à Garibaldi.

Placé tout près de lui, derrière le siége qu'il occupait, au sommet de la gauche, je le vis constamment durant ces trois jours, et je fus d'abord et surtout frappé de son flegme imperturbable. Droite comme son angle facial et les belles lignes de son visage, sa loyale nature n'obéit qu'à la conscience et au devoir, ou du moins à ce qu'il croit tel, et conserve, au milieu des orages humains, comme parmi les balles de Melazzo ou de Varèse, un calme extraordinaire et que je dirais presque effrayant, si je l'admirais moins.

Il a plusieurs des qualités de l'orateur : sa belle voix d'abord, qui m'avait tant frappé déjà dans la conversation et qui, sans forcer son diapason naturel, est à l'aise et comme dans son élément au milieu d'une vaste enceinte, où sans effort elle résonne pleine, grave, mélodieuse. Il s'exprime sans hâte et prononce avec une netteté parfaite. De tous les orateurs italiens que j'ai entendus, il est sans aucune comparaison celui que l'on entend et que l'on suit le mieux : on ne perd pas, en l'écoutant, une seule parole.

Se méfiant de lui et de son improvisation, sans doute, il avait, lorsqu'il parla pour la première fois, un papier sur lequel il jetait fréquemment les yeux, en s'aidant d'un lorgnon, soit pour y lire une phrase ou deux, soit pour y consulter des notes. Il résulta d'abord de ce mélange de lecture et de débit quelque chose d'un peu brisé et d'hésitant dans son langage. Mais lorsque plus tard, rejetant cet écrit, il s'abandonna librement à l'inspiration du moment et au bonheur de la réplique, comme par exemple dans le dialogue si émouvant qu'il eut, cette même séance, avec M. de Cavour, il retrouva le jet, l'abondance, sans jamais devenir verbeux, ce qui est son moindre défaut; et j'ajoute que, sauf deux ou trois expressions trop dures qui soulevèrent l'orage, ni la bonne facture de la phrase, ni le pittoresque, ni même la propriété de l'expression ne lui firent jamais défaut.

Je suis sûr même que, sa bonté foncière et sa grande courtoisie naturelle aidant, il ne tarderait pas à devenir, s'il s'y appliquait, *parlementaire*, comme on dit. Déjà, à cet égard, le progrès fut sensible dès que l'heureux élan du général Bixio eut, après l'effroyable ouragan qui suivit les premières paroles du général, ramené les choses et les gens à un point de transaction et de discussion possible. On ne peut prononcer d'une meilleure grâce ni d'un plus sincère accent que ne le fit l'instant d'après Garibaldi, parlant à M. de Cavour, des phrases comme celles-ci :

« Je me déclare complétement satisfait des explications que veut bien me donner l'honorable président du Conseil.

« Je n'ai point oublié la marque de confiance que me donna l'honorable comte de Cavour lorsqu'il voulut bien m'appeler, en 1859, pour prendre un commandement de volontaires, et je lui en témoigne toute ma gratitude. Je regrette seulement qu'il ne m'ait pas toujours fourni, depuis, l'occasion d'avoir et d'exprimer pour lui les mêmes sentiments.

« Puisque l'honorable président du conseil veut bien me montrer des dispositions de conciliation auxquelles je m'associe entièrement, je lui serai reconnaissant de prendre mes propositions sous son patronage et d'user, pour les faire bien venir de la Chambre, de sa puissante influence. »

Et tout cela dit non-seulement, comme vous voyez, en fort bons termes, mais avec une amabilité et un charme tout particuliers qui ont, ce me semble, bien du prix dans une telle bouche.

Ceci établi, je vous concède volontiers que *la main froide et ennemie du ministère* n'était pas du tout *parlementaire*. Ç'eût été bien assez de dire, et un plus habile parlementaire l'eût fait, que cette main n'avait pas toujours été suffisamment amie au conquérant des Deux-Siciles et à ses braves compagnons.

Je ne défends pas davantage les mots : *Ceux qui ont voulu nous pousser à une guerre fratricide*, car je suis convaincu que personne n'a voulu cela en Italie. Seulement il n'aurait pas fallu beaucoup de proclamations du général Fanti pour amener ce résultat. Puis Garibaldi mit le correctif à cette idée, en disant ces bonnes paroles, qui furent vivement et justement applaudies : « J'ai cédé, comme je céderai toujours, quand il s'agira du bien de la patrie. »

Le mot alors le plus fâcheux, à notre point de vue, qu'ait prononcé le général, fut celui-ci : « J'aime la France, mais ceux qui gardent Rome malgré nous sont, à mes yeux, des ennemis. » Ce mot, je ne prétends pas le défendre; mais si les Prussiens occupaient Paris depuis douze ans, sous prétexte de protéger le Consistoire de l'église réformée, qu'en notre qualité de Français nous eussions lutté contre eux, et que cette lutte nous eût coûté dix ans d'exil succédant à un long bannissement déjà, sans parler d'autres maux sans nombre, quand même les Prussiens depuis nous auraient rendu des services, je ne sais trop ce que nous penserions à cet égard, ou plutôt je crois le savoir.

Et, à ce sujet, permettez-moi d'ajouter un commentaire intéressant à cette parole qui a été très-rappelée, très-interprétée et surtout très-envenimée. Je le puise dans ce que me dit à moi-même le général Garibaldi lorsque, la veille de cette orageuse séance, j'eus l'honneur d'aller lui faire mes adieux chez son ami le comte Annoni, qui lui donnait l'hospitalité d'un frère.

« — Dites en France, je vous en prie et je vous en serai obligé, me dit l'illustre général, que j'aime, que j'honore et estime la France, que tout ce qu'on a prétendu dans un sens contraire est calomnie pure, et que mon sentiment sur votre nation ne se règle pas sur l'idée politique qui maintient depuis tant de temps vos troupes à Rome, malgré nous. »

Ces paroles du général me furent adressées devant de nombreux témoins, entre autres MM. Deprétis et Macchi, députés, et l'ex-intendant général de l'armée méridionale, M. Acerbi. Ces messieurs me témoignèrent que le général Garibaldi, soit reste d'ombrage, assez compréhensible, il faut en convenir, soit mécontentement persistant de notre inadmissible position à Rome, n'en avait, à leur connaissance, jamais autant dit dans ce sens.

Maintenant, que résulta-t-il de cette campagne politique ?

Le ministère dut accepter, bien que sous la forme adoucie de l'ordre du jour Ricasoli, la mise en demeure, l'invitation, *l'avertissement*, si l'on veut, de pourvoir plus activement et d'une façon moins exclusive à la défense nationale, et de compter moins sur autrui. Il préféra naturellement cette forme à celle que lui présentait l'ordre du jour Garibaldi, bien que très-modéré aussi, mais spécialisant davantage; et les centres en conséquence votèrent pour la rédaction de M. Ricasoli. Il fallait absolument avaler une pilule, et on choisit la plus douce. Néanmoins, soixante-dix-sept voix tinrent, par leur négative, pour l'ordre du jour le plus pressant, c'est-à-dire pour celui de Garibaldi.

Dans ce nombre on remarqua, je ne dis pas avec surprise, mais avec une rumeur et une impression approbatives, le « non » accentué de M. Pepoli.

Une semaine avant, l'opposition ne disposait pas de vingt voix. Le ministère remporta donc là un succès propre à le faire réfléchir.

« Il y a quelque chose à faire et au plus vite, écrivais-je au sortir de cette séance. Ce quelque chose, le ministère le fera, j'en suis certain ; car, s'il tient un peu trop à la forme, en un temps si exceptionnel, il est patriote et habile. Il s'endort seulement un peu trop sur le résultat acquis, et voit l'Italie faite et hors de tout péril, ce qui est une erreur. »

Les faits depuis ne m'ont donné que trop raison.

VIII

EXAMEN PHRÉNOLOGIQUE DE LA TÊTE DE GARIBALDI

La lettre suivante fut écrite de Caprera sur cet intéressant sujet par un phrénologiste très-distingué, le docteur Riboli.

« Caprera, 27 janvier 1861.

« J'ai quitté Gênes le 23 courant, en compagnie de Bixio, du colonel Deïderi, du major Vecchi et de plusieurs autres qui se rendaient comme moi à Caprera. Tous nous avions pris place à bord du *Saint-Georges*.

« J'avais négligé à Turin de demander un billet à notre ami Macchi pour m'introduire auprès de Garibaldi; à Gênes, ayant trouvé Bertani malade, il m'avait été impossible de lui demander un mot de recommandation; je partais donc, n'ayant d'autre ressource que de me faire précéder d'une carte de visite avec ces mots : *Riboli, phrénologue.* Quelque fier qu'on puisse être de ce titre, je vous avoue qu'il me semblait insuffisant pour me présenter devant Garibaldi.

« Vecchi, que je connais depuis longues années, m'apparut comme un sauveur sur le pont du *Saint-Georges*, et dès lors je sentis renaître toute ma confiance.

« Le major Vecchi est le propriétaire de la villa Spinola, qu'habitait Garibaldi avant son départ pour la Sicile. C'est à la villa Spinola que fut concertée, entre Garibaldi, Bertani et Bixio, l'expédition des Mille. Vous le voyez, j'étais au cœur de la place.

« Ma connaissance avec Bixio et les autres fut bientôt faite, et pendant la traversée toutes ces têtes si intelligentes, si extraordinaires ont passé par mes mains. Vous pouvez rire tant qu'il vous plaira, mon cher ami, mais j'ai étonné tout le

monde par la justesse de mes observations. Ce
[p]etit succès me promettait une entrée triomphale
à Caprera.

« L'île de la Maddalena semble, dans les décrets
de la Providence, avoir été placée à une heure de
Caprera pour servir d'hôtellerie à ces voyageurs
fiévreux qui viennent visiter Garibaldi de tous les
coins du monde; j'ai trouvé dans son petit port
deux vapeurs anglais qui avaient amené des visiteurs à Caprera, plus l'*Emma*, goëlette appartenant à M. A. Dumas et mise par lui à la disposition
de Garibaldi.

« Bixio, Deideri et les autres partaient en avant
afin de préparer mon entrée; je profitai de la matinée pour explorer l'île.

« Il y a dans l'île la famille Susini, avec laquelle
Garibaldi est lié depuis longtemps. C'est le vieux
Susini qui a acheté, par lots, le petit domaine de
Garibaldi; le terrain n'est pas cher à Caprera, car
le bonhomme m'a assuré que le lot le plus considérable avait été payé par lui, au nom de Garibaldi,
50 francs.

« A deux heures, j'arrivais à Caprera, qui n'est
qu'à une heure de la Maddalena.

« Caprera n'est qu'un rocher pelé, sans verdure,

sans un seul arbre, brûlé par les vents, où l'on ne peut faire dix pas sans escalader une foule de petits rochers, car les routes sont inconnues à Caprera (1).

« J'entrai, non sans crainte, dans cette pauvre maison, plus ému que si je me fusse trouvé dans la salle du premier trône du monde. Je tombai en pleine députation : il y avait dans la chambre de Garibaldi plusieurs Anglais, entre autres le neveu de lord Derby. Cela n'empêcha pas le général de venir à moi : — C'est vous le docteur Riboli, je vous reconnais à votre portrait; soyez le bienvenu.

« Je m'assis au milieu de la députation; un général anglais envoyait à Garibaldi une médaille d'argent qu'il avait gagnée à Waterloo; un autre remit à Garibaldi une grande médaille de bronze frappée en l'honneur de la bataille de Rosbach, sur laquelle je lus ces mots : *Quo nihil majus meliusve :* Rosbach, 5 novembre 1757.

« Garibaldi remercia la députation, parla longuement du courage déployé par la légion anglaise devant Capoue, et prit congé d'elle.

(1) On a vu, par ce qui précède, combien, par les persévérants efforts de Garibaldi, les choses sont changées aujourd'hui à Caprera.

« Puis il sortit derrière elle, et, m'oubliant dans un coin, se mit à casser de grosses pierres dont il construisait lui-même de petites murailles hautes d'un mètre. Ces petites murailles sont destinées tout à la fois à débarrasser le terrain en le rendant propre à la culture, et à préserver les végétaux, qu'on cultive à l'ombre, du sirocco qui brûle et dessèche tout dans l'île.

« Garibaldi a construit deux mille cinq cents mètres de ces murailles à Caprera! il me l'a dit lui-même.

« Je serais encore dans mon coin, si Teresita, la fille de Garibaldi, et madame Deideri n'étaient venues m'en tirer. Pendant que Garibaldi cassait ses pierres, tout le monde était réuni dans la chambre de Teresita et l'on dansait dans le vestibule au son du piano.

« Il y a six chambres dans cette humble maison de Caprera. La chambre de Garibaldi : deux fenêtres, un petit lit, un canapé sur lequel couche Deideri, un tas de papiers à terre, une mauvaise table, enfin un petit bureau neuf en noyer, façon acajou, qu'on venait sans doute d'apporter depuis peu, car les pieds étaient enveloppés encore de papier gris, comme s'il se fût agi d'un meuble précieux de Boule.

« A côté de cette chambre se trouve la salle à manger, qui est à peu près aussi petite que la nôtre : on y tient douze côte à côte, sans pouvoir bouger. Une table boiteuse, quelques chaises, voilà l'ameublement. Le soir, on y étend des matelas et l'on y couche six, huit, selon le nombre des visiteurs.

« Vient ensuite la chambre de Menotti, fils de Garibaldi; elle est à l'avenant des autres; il doit la partager avec Basso et ceux qui viennent. Cette chambre est le musée de la maison; j'y ai vu de belles armes en trophée.

« La cuisine est la pièce principale; tout le monde s'y tient parce que c'est la plus grande, celle d'où l'on voit la mer; Garibaldi s'y assied volontiers.

« En suite de la cuisine, une petite chambre pleine de bois, de fascines, de malles, de matelas ; une confusion : salle de débarras le jour, chambre à coucher la nuit.

« La dernière pièce est la chambre de Teresita, c'est la moins mal meublée de toutes; la fille de Garibaldi la partage avec madame Deideri. On y voit deux petits lits de fer, un canapé, un piano, une mauvaise armoire pleine de linge dont madame Deideri a toujours la clef.

« Je dois aussi dire en passant que, au moment où Garibaldi est parti pour la Sicile, M. et madame Deideri, qui ont une petite fortune qu'on évalue à 60,000 francs, ont adopté légalement Teresita afin de lui laisser leur petit héritage, car ils sont sans enfants.

« La description de la maison m'a entraîné; je reviens dans la chambre de Teresita, où Garibaldi entra pendant que j'examinais la tête de sa fille; je le vis sourire, ce qui ne m'empêcha pas de le prier de livrer sa tête à la science; tout le monde se joignit à moi pour l'y décider et j'eus le bonheur de le voir consentir.

« Vous pourrez sourire de mon fanatisme, mais je puis vous assurer que ce moment passé à examiner cette tête remarquable est le plus heureux de ma vie; j'ai vu, mon cher ami, j'ai vu ce grand homme se prêter comme un enfant à tout ce que je lui demandais; cette tête, qui porte tout un monde, je l'ai tenue entre mes mains pendant plus de vingt minutes sans qu'il manifestât un signe d'impatience, sentant saillir sous mes doigts les inégalités et les contrastes de son génie.

« Oui, l'examen a duré plus de vingt-huit minutes; j'avais préparé à l'avance toutes mes batteries; sur une immense feuille de papier, j'avais désigné les vingt-sept facultés fondamentales de la cranologie de Gall ainsi que les organes supplémentaires de Spurzheim, et le major Vecchi écrivait sous ma dictée devant tout le monde.

« Ce n'est pas à vous, mon cher ami, qui avez si souvent fait bon marché de la science de Gall, que je veux rendre compte du résultat de mes observations, cela d'ailleurs serait trop long ; je me propose d'écrire tous ces phénomènes incroyables, qui viennent de faire triompher la science d'une manière si éclatante, dans une brochure spéciale, laquelle sera lue par les hommes sérieux qui cherchent la vérité par l'expérience et qui ne nient pas *à priori*, comme vous le faites si souvent.

« Garibaldi a un mètre soixante-quatre centimètres de hauteur. J'ai mesuré toutes ses proportions : la largeur des épaules, la longueur des bras et des jambes, l'épaisseur de la taille ; c'est, en un mot, l'homme bien proportionné, fort, d'un tempérament nerveux-sanguin.

« Le volume de la tête est remarquable. La phénoménalité principale est la hauteur du crâne mesurée de l'oreille au sommet de la tête, qui est de vingt centimètres.

« Cette prédominance particulière de toute la partie supérieure de la tête dénote au premier coup d'œil, et sans examen préalable, une organisation exceptionnelle ; le développement du crâne dans sa partie supérieure, siége des sentiments, indique la prépondérance de toutes les facultés nobles sur les instincts.

« Bref, la cranologie de la tête de Garibaldi, après examen, présente une phénoménalité originale des plus rares, on peut même dire, sans précédents : l'harmonie de tous les organes parfaite, et la résultante mathématique de leur assemblage présente au premier lieu :

« L'abnégation avant tout et partout,

« La prudence et le sang-froid,

« L'austérité naturelle des mœurs,

« La méditation presque perpétuelle,

« L'éloquence grave et exacte,

« La loyauté dominante,

« Sa déférence pour ses amis est incroyable au point de dégénérer en souffrance.

« Sa perceptivité à l'égard des hommes qui l'entourent est surtout dominante.

« En un mot, mon cher, sans vous ennuyer de toutes les comparaisons, de tous les contrastes de causalité, d'habitativité, de constructivité, de destructivité, c'est une tête merveilleuse, organique, sans défaillances, que la science étudiera et prendra pour modèle.

« Maintenant je voudrais vous donner les détails que vous m'avez demandés sur tout ce qui touche Garibaldi; mais ma lettre, déjà longue, ne pourra jamais contenir la moitié de ce que j'ai vu et observé.

« Il n'y a pas de domestiques chez Garibaldi; tout le monde se sert et s'entr'aide. Je n'ai remarqué, en fait de domestique, que le cuisinier, qui est borgne et Napolitain; c'est le surintendant et le maître-d'hôtel de Garibaldi.

« On vient de faire une surprise au général : un inconnu a planté récemment au *Fontanone*, l'endroit favori de Garibaldi, un poirier auquel est attachée une pancarte avec ce titre : *Poirier du soldat laboureur*.

« Il y a ici un peintre milanais du nom de Zuccoli, venu pour faire le portrait de Garibaldi, qui ne lui donne que quelques minutes de loin en loin : le général, qui trouve toujours que le portrait est suffisamment achevé et ressemblant, ne veut plus poser.

« Nous avons dîné environ douze, le premier jour, sur une table pouvant contenir au plus six couverts ; le général était à un angle de la table, ayant juste la place de son assiette. Vous feriez maigre chère, mon cher ami, à Caprera, et je vous assure que la table ne brille pas par le luxe des cristaux et de l'argenterie ; de mauvais petits verres de cabaret, des couteaux de toutes les paroisses, des couverts jaunis en composition, des assiettes de faïence : voilà la description du service.

« Le premier soir, Garibaldi a été pris d'un violent mal à l'oreille, résultant d'un coup d'air ; je lui ai fait mettre un cataplasme sur la joue, et j'ai passé la nuit sur un canapé à la porte de sa chambre. Le lendemain, il s'est levé comme à son ordinaire, la tête enveloppée, et est sorti à cinq heures du matin.

« C'est qu'il s'agit d'une chose grave à Caprera, c'est-à-dire d'agrandir la maison de Garibaldi. Le colonel Deideri a rapporté de Gênes un petit plan qu'un seul maçon de la Maddalena est chargé de mettre à exécution ; on s'est mis sur-le-champ à l'œuvre, et Garibaldi s'est mis à élever un mur sur les débris d'un moulin à vent dont il avait lui-même posé les assises plusieurs années auparavant.

« J'ai été témoin, mon cher ami, d'un spectacle que je n'oublierai jamais de ma vie. Cette main qui tint si haut le drapeau de l'indépendance à Varèse, à Côme, à Calatafimi, alignait une à une les pierres du mur projeté, et méthodiquement les enduisait de mortier comme le ferait celle du plus modeste des maçons.

« — Tenez, général, dit l'architecte-maçon-gâcheux-entrepreneur, cela me connaît; et c'est plutôt votre métier de faire la guerre que de faire les murs.

« — Tu as, ma foi, raison : je vais charrier les pierres.

« Et, mon cher ami, pendant plus d'une heure, je vis le général traîner la brouette et amener les pierres au pied du mur en construction.

« Vous savez que je suis incapable d'un mensonge, et que je n'ai aucun intérêt à exciter chez vous une admiration dont vous nous avez tant de fois donné des témoignages; mais ce fait, si grand de simplicité, si naturel, si exempt de mise en scène, doit être raconté, et je compte sur vous pour le faire. »

« 28 janvier.

« Le bateau à vapeur n'est pas encore arrivé, et j'en profite pour vous écrire encore quelques lignes.

« Garibaldi va mieux, et l'abcès que je craignais ne s'est pas formé.

« Me voici le médecin de la famille : je viens de brûler un petit furoncle que Menotti avait au cou, et croiriez-vous que j'ai vu le général trembler à cette opération comme un enfant, lui qui envoyait naguère son fils au fort de la mêlée, partout où il y avait à combattre et à mourir sous le drapeau italien.

« Le courrier vient d'arriver de Gênes : force lettres et pas mal de journaux ; le général déploie le *Diritto;* c'est un abonné de fondation. On lui montre l'*Illustration* de Londres, qui reproduit son portrait, lequel, par parenthèse, ne lui ressemble pas ; le général en fait la remarque.

« Je ne vous ai pas dit un mot de politique, et, sans doute, tout mon bavardage va vous sembler insipide. C'est, mon cher ami, ce qui m'a le plus frappé à Caprera, où j'ai passé quatre jours. On n'y a pas dit un mot de politique, *pas un seul mot.* Le nom de Cavour n'a pas été prononcé. Avouez qu'il y a une vraie grandeur dans ce silence, dans cette réserve, chez un homme qui a tant à dire du passé, tant à faire dans l'avenir !

« Le temps me presse, et je vous quitte en vous

adressant, comme preuve de ma bonne volonté, cette lettre à bâtons rompus. Je ne resterai que peu de jours en Sardaigne et compte vous serrer la main dans les premiers jours de février.

« *Vale,*

« Riboli. »

« P.-S. Au moment où je vais mettre le pied sur le bateau, on m'envoie de la part du général une lettre de sa main dont je suis heureux au delà de toute expression ; je veux vous en donner copie, afin que vous sachiez quelle délicatesse de sentiments il y a dans cette grande âme :

« Caprera, 28 janvier 1861.

« Mon cher Riboli,

« Pénétré de reconnaissance pour les soins empressés que vous m'avez prodigués pendant votre court séjour dans cette île, je vous prie d'accepter une parole d'affection de votre

« Garibaldi. »

IX

GARIBALDI PUBLICISTE

Garibaldi a écrit à Naples sous ce titre : *De l'État présent de l'Europe; de ce qu'elle pourrait être dans l'intérêt des gouvernements et des peuples,* un manifeste important qui prouve sa valeur et son intelligence politique si souvent et si injustement contestées.

Nous reproduisons ce remarquable écrit :

« Il est à la portée de toutes les intelligences que l'Europe est bien loin d'être dans un état normal et convenable à ses populations.

« La France, qui occupe sans contredit le premier rang parmi les puissances européennes, maintient six cent mille soldats sous les armes, une des premières flottes du monde, et une quantité immense d'employés pour sa sécurité intérieure.

« L'Angleterre n'a pas le même nombre de soldats; mais une flotte supérieure et un nombre supérieur peut-être d'employés pour la sécurité de ses possessions lointaines.

« La Russie et la Prusse, pour se maintenir en équilibre, ont besoin aussi de solder des armées immenses.

« Les États secondaires, ne fût-ce que par esprit d'imitation et pour *payer de présence*, sont obligés de se tenir proportionnellement sur le même pied.

« Je ne parlerai pas de l'Autriche et de l'Empire ottoman, condamnés à finir, pour le bonheur des malheureuses populations qu'elles oppriment depuis tant de siècles.

« Enfin, on peut avec raison se demander : pourquoi cet état agité et violent de l'Europe ? Tout le monde parle de civilisation et de progrès !... Il me semble que nous ne différons pas beaucoup, — au luxe près, — des temps primitifs où les hommes s'entre-déchiraient pour s'enlever une proie. Nous passons notre vie à nous menacer continuellement et réciproquement, tandis qu'en Europe la grande majorité, non-seulement des intelligences, mais des hommes de bon sens, comprend parfaitement que l'on pourrait bien passer cette pauvre vie sans ce perpétuel état de menaces et d'hostilités des uns contre les autres, et sans cette *nécessité*, — qui semble fatalement imposée au peuple par quelque ennemi secret et invisible de l'humanité, — de s'entre-tuer avec tant de science et de raffinement.

« Par exemple, — supposons une chose :

« Supposons que l'Europe formât un seul État.

« Qui songerait à la déranger chez elle? — A qui viendrait-elle cette idée, je vous le demande, de troubler le repos de l'Europe, cette souveraine du monde?

« Et, dans cette supposition que nous venons de faire, plus d'armée, plus de flotte, et ces immenses capitaux arrachés presque toujours aux besoins et à la misère des peuples, et prodigués à des services meurtriers et improductifs, seraient convertis à son avantage dans un développement colossal de l'industrie, dans l'amélioration des routes, dans la construction des ponts, dans le percement des canaux, dans la fondation d'établissements publics et dans l'érection des écoles, qui enlèveraient à la misère et à l'ignorance tant de pauvres créatures qui, dans tous les pays du monde, quel que soit leur degré de civilisation, sont condamnées à l'abrutissement ou à la prostitution de l'âme ou de la matière, par l'égoïsme, le calcul et la mauvaise administration des classes privilégiées et puissantes.

« Eh bien! la réalisation des réformes sociales que je mentionne dépend tout simplement d'une puissante et généreuse initiative; car, je vous le demande, dans quelles circonstances l'Europe a-t-elle présenté plus de chances de réussite pour ces bienfaits humanitaires?

« Examinons la situation où elle est à cette heure :

« Alexandre II, en Russie, proclamant l'émancipation des serfs;

« Victor-Emmanuel, en Italie, jetant son sceptre sur le champ de bataille, et exposant sa personne pour la régénération d'une noble race et d'une grande nation;

« En Angleterre, une reine vertueuse et une nation généreuse et sage, qui s'associe avec enthousiasme à la cause des nationalités opprimées;

« La France, enfin, appelée à l'arbitrage de l'Europe par la masse de sa population concentrée, par la valeur de ses soldats et par le prestige récent de la plus brillante période de son histoire militaire.

« A qui donc l'initiative de cette grande œuvre ?

« Au pays qui marche à l'avant-garde de la révolution.

« L'idée d'une confédération européenne, jetée en avant par le chef de l'Empire français, et qui répandrait la sécurité et le bonheur dans le monde, ne vaut-elle pas mieux que toutes ces combinaisons politiques qui enfièvrent et tourmentent journellement ce pauvre peuple ?

« La pensée de l'atroce destruction qu'amènerait un seul combat entre les grandes puissances occidentales, doit faire frissonner de terreur celui qui songerait seulement à en donner l'ordre, et probablement n'y aura-t-il jamais un homme assez lâchement hardi pour en prendre l'effrayante responsabilité.

« La rivalité qui a subsisté entre la France et l'Angleterre depuis le quatorzième siècle jusqu'à nos jours existe encore, mais avec une intensité infiniment moindre aujourd'hui, et nous constatons cela à la gloire du progrès humain ; de sorte qu'une transaction entre les deux grandes nations de l'Europe, — transaction qui aurait pour but le bien de l'humanité, — ne peut plus se placer parmi les rêves et les utopies des hommes de cœur.

« Donc, la base d'une confédération européenne est naturellement tracée par la France et par l'Angleterre. Que la France et l'Angleterre se donnent franchement, loyalement la main, et l'Italie, l'Espagne, le Portugal, la Hongrie, la Belgique, la Suisse, la Grèce, la Roumélie viendront d'elles-mêmes et, pour ainsi dire, instinctivement, se ranger autour d'elles.

« Enfin, toutes les nationalités divisées et opprimées, les races slaves, celtiques, germaniques, scandinaves — et la gigantesque Russie comprise, — ne voudraient point rester en dehors de cette régénération politique à laquelle les appellerait le génie du siècle.

« Je sais bien qu'une objection se pose naturellement en réponse au projet qui précède.

« — Que faire de cette innombrable masse d'hommes maintenant employés dans les armées et dans la marine militaire?

« La réponse est facile :

« En même temps qu'on licencierait ces masses,

on se débarrasserait des institutions aggravantes et nuisibles, et l'esprit des souverains, cessant d'être préoccupé d'ambition, de conquêtes, de guerre, de destruction, se tournerait vers la création d'institutions utiles, et descendrait de l'étude des généralités à celle des familles et même des individus.

« D'ailleurs, par l'accroissement de l'industrie, par la sécurité du commerce, la marine marchande réclamerait à l'instant même toute la partie active de la marine militaire; et l'incalculable quantité de travaux créés par la paix, par l'association, par la sécurité, engloutirait toute cette population armée, fût-elle double de ce qu'elle est.

« La guerre n'étant presque plus possible, les armées deviendraient inutiles. Mais ce qui ne serait pas inutile, ce serait de maintenir le peuple dans ses habitudes guerrières et généreuses, au moyen de milices nationales, qui seraient toujours prêtes à réprimer les désordres et quelque ambition qui tenterait d'enfreindre le pacte européen.

« Je désire ardemment que mes paroles parviennent à la connaissance de ceux à qui Dieu a confié cette mission sainte de faire le bien, et ils le feront certainement, préférant à une grandeur fausse et éphémère la véritable grandeur, basée sur l'amour et la reconnaissance des peuples.

« G. Garibaldi. »

Ce qui précède pourra être traité de rêverie, mais c'est une rêverie généreuse en tout cas, et c'est l'avenir de l'Europe.

X.

GARIBALDI HUMANITAIRE

Une des premières choses que me dit Garibaldi, quand j'eus l'honneur de le voir à Turin, en avril 1861, fut cette question :

— N'êtes-vous pas d'avis que le *patriotisme* entendu dans son sens exclusif est synonyme d'*égoïsme*, et que tous les hommes, tous les peuples en plaçant leur pays, ce qui est naturel, au premier rang, dans leur affection, dans leur cœur, ont cependant toujours le devoir de s'aimer et de s'entr'aider tant qu'ils peuvent?

C'est cette caractéristique, c'est ce côté tout à

la fois personnel et universel de cette grande figure que nous exprimons par ces mots : *Garibaldi humanitaire*. La libération absolue de sa patrie bien-aimée ne suffirait même pas à son ardeur au bien et ne remplirait pas cette âme capable et avide de tous les dévouements à quiconque souffre et gémit dans la servitude surtout, le plus grand des maux à ses yeux comme aux nôtres.

C'est à ce point de vue que l'a étudiée avec enthousiasme et amour un jeune publiciste, d'infiniment de mérite, M. Louis Michel, dans son livre intitulé : *le Réveil des Peuples* (1), et dont nous ne saurions mieux faire que citer les remarquables fragments ci-après sur l'homme du temps présent, qui lui paraît avec raison résumer en lui le mieux l'humanité entière.

Après avoir esquissé à larges traits l'immortelle épopée en action qui aboutit à l'affranchissement des Deux-Siciles, M. Louis Michel ajoute :

« C'est plaisir de suivre les dernières dispositions du dictateur. Il ne pense qu'aux autres, s'occupe de

---

(1) Paris, Albessard, éditeur. 2ᵐᵉ édition.

tout le monde et n'oublie que lui. *Tout pour les autres ; rien pour moi :* voilà de Garibaldi, comme du Christ, l'éternelle devise.

« Le 9 novembre, il vient s'embarquer sur le *Washington* avec son fils et trois amis. Moderne Cincinnatus, il part presque tout seul, ayant quitté son palais sur la fin de son séjour à Naples, pour aller loger dans un hôtel public. Un modeste groupe d'intimes le suit les larmes aux yeux jusqu'au bateau à vapeur ; spectacle plein de tristesse, mais simple et digne. Il a laissé à ses compagnons un ordre du jour qui sera publié le lendemain, et part emportant avec lui quelques plants d'arbres, un sac de fèves, un autre de haricots, un baril de morue, et quinze cents francs d'argent. C'était ce qu'avait rapporté à cet homme de bien la conquête du royaume des Deux-Siciles.

« Quel est donc cet homme qui, pendant plus d'un an, a fait battre tous les cœurs généreux et dévoués au progrès en Europe, tandis que les souverains, par droit divin, le suivaient d'un regard inquiet et tout émotionnés d'anxiété ; cet homme, que toutes les confréries rétrogrades et les esprits d'opinions surannées et ténébreuses injuriaient à plaisir, l'appelant, parce qu'il est simple et pauvre, parce qu'il est fils de ses œuvres, de noms rendus honorables par cet usage, traitant cet illustre guerrier de brigand, de flibustier, de condottiere, de forban ?

« Qu'ils essayent donc ces hommes de tous les régimes passés, qu'ils tentent seulement de présenter un autre citoyen digne de figurer à côté de celui qu'ils poursuivent de leurs injures et de leurs calomnies.

« Qu'ils citent parmi les leurs un guerrier, comme Garibaldi, franc, brave, généreux, triomphateur désintéressé, comme lui, soldat et citoyen sans reproche ; eux, pleins d'égoïsme et marchant à pas d'écrevisses à la suite d'un monde caduc croulant de toutes parts. Qu'ils produisent un autre Garibaldi conquérant, pour réaliser son rêve de tous les instants, un royaume dont il se fait le dictateur tout-puissant pour *l'unifier*, et remettant loyalement sa conquête aux mains de son roi qu'il révère, parce qu'il veut sincèrement, comme lui, *l'unité* de l'Italie. Seraient-ils rentrés, eux, comme l'a fait Garibaldi dans l'obscurité de leur cabane, lorsque tous les cœurs généreux qui commencent à se réveiller à la vie de l'indépendance libératrice européenne le contemplaient avec émotion, enthousiasmés de sa bravoure, de sa conduite exemplaire, de l'amour dévoué pour tous qui embrasait cette belle âme.

« Vous qui ne comprenez rien à ces vertus civiles et guerrières, riez, oui, riez ; blasphémez ce dévouement à l'humanité du grand homme dont l'éclat offusque votre vue de chouettes et de hiboux, nobles et saints professeurs de charité. Auriez-vous eu la force, vous, de refuser le don national qu'on voulait faire à Garibaldi de cent cinquante mille francs de rente annuelle ? Tenez, ce qu'en lui toujours on admire, c'est son généreux désintéressement qui contraste avec le vôtre et n'a d'égal que son courage de lion sur les champs de bataille où il combattit les tyrans, les despotes, les oppresseurs de toute taille, dans sa patrie et chez tous les peuples qu'outrageait l'injustice, luttant toujours pour l'indépendance de la belle race ouvrière de Dieu.

« Ce que j'apprécie le plus en lui, toutefois, c'est sa bienveillance native, la plus céleste des vertus, qui lui fait déployer autant de magnanimité, de mansuétude et de clémence vis-à-vis des malheureux vaincus qu'il leur inspirait d'étonnement et de terreur par son intrépidité et son audace la veille de son triomphe.

« Mais là, où je fais plus que de l'admirer, où mon enthousiasme se change en véritable adoration, c'est quand je vois ce héros sorti du peuple se faire gloire non-seulement de demeurer peuple, mais de marcher toujours en avant et à la tête du peuple, partout où gémissent des populations opprimées et courbées sous le joug des esclaves du mal visant sans cesse à enrayer la belle végétation des plantes humaines ouvrières de Dieu. Oui, quand on possède, comme Garibaldi, la foi vivante, raisonnée, qui transporte les montagnes; quand un homme a devant lui, comme Garibaldi, un avenir où sont ouverts, par sa main, les chemins libérateurs des peuples opprimés et souffrants, quand cet homme lutte pour la sainte cause de la délivrance et de l'émancipation de tous les peuples, cause de Dieu et de la vérité ; quand cet homme précède, d'autre part, le Soleil moral qui déjà, par son aurore, commence de réchauffer l'amour sacré de la liberté humanitaire; quand on a pour cuirasse tous les peuples réveillés à la vie libératrice, on est sûr d'être désigné pour le glorieux privilége d'étendre le drapeau de la liberté sur toute l'Europe civilisée ; de planter l'arbre définitif et solidaire de la liberté : point de départ de la famille universelle, premier jalon de l'harmonie sur la terre.

« Garibaldi, à une époque peu éloignée où des désastres météoriques pesèrent sur l'Autriche et sa capitale, écrivit à ses compatriotes la lettre suivante :

« ITALIENS,

« Vienne a été inondée, et beaucoup de familles
« pauvres y sont réduites à la misère.
« Pourquoi les Italiens n'auraient-ils pas une
« parole de sympathie pour les malheureux inondés
« de Vienne ?
« Ne languissent-ils pas, eux aussi, comme nos
« frères du Vénitien, sous la pesante domination
« d'un despote ? Ne visent-ils pas, eux aussi, à leu
« rédemption ? Ne l'ont-ils pas prouvé en 1848,
« alors qu'ils combattaient ces mêmes ennemis que
« nous combattons en Italie, et pour les mêmes
« causes ?
« Il est temps de faire trêve aux guerres fratri-
« cides des nations sur lesquelles les tyrans ont
« basé leur édifice de domination. Oui, frères, ten-

« dons aussi la main aux inondés de Vienne, et
« vous aurez l'assentiment et l'appui de votre
« conscience, éternelle émancipatrice de l'univers.

« Villa Spinola, 13 mars 1862.

« J. GARIBALDI. »

« J'ai reproduit ici cette lettre, pour faire voir comment cet homme béni de Dieu est toujours prêt à prendre, quand il le faut, la parole aussi bien que l'épée en d'autres circonstances, pour soulager ceux qui souffrent. »

. . . .

« Garibaldi est aujourd'hui l'homme le plus populaire de l'Italie, de toute l'Europe, que dis-je?... du monde! Le noble et beau caractère de cet homme ne ressemble à celui d'aucun autre. Il est impossible d'en faire l'analyse, tellement il déconcerte les lois communes de la vraisemblance et déroute tout calcul humain. C'est à croire qu'il n'est pas de notre époque. Il tient du passé, en effet, du présent et de l'avenir. Du passé, il a la fermeté mâle, l'entrain, l'audace d'Annibal, la bravoure, la pétulance de César, le sang-froid de Fabius, l'opiniâtreté de Mithridate. Il tient du présent, parce qu'il est le plus grand apôtre moderne de l'amour libérateur et émancipateur de l'humanité. Il tient de l'avenir par la vivante intuition dont il est doué, émanée du discernement indépendant de l'avenir des peuples ; discernement qui lui fait entrevoir que ceux-ci doivent fusionner tous ensemble. C'est là le stimulant qui le pousse à faire tous ses efforts pour hâter, de toute la puissance de son amour dévoué et libérateur, cet heureux événement, afin qu'il se réalise au plus tôt pour le bonheur de la race humaine ouvrière de Dieu.

« Quand un homme est doté des facultés propres à préparer le règne de Dieu, non-seulement il tient de l'avenir, comme je viens de le dire, mais il est réellement un Grand Messager de Dieu. Voilà pourquoi un pareil homme eut, a et aura toujours la puissance de frapper, de tenir en respect, d'assommer enfin d'un coup de grâce le mal vivant, représenté par tous les hommes qui veulent arrêter la belle végétation progressive de l'humanité et l'empêchent de s'épanouir dans la pratique de la vraie vie et de la saine raison, dans celle des belles actions vivantes organisatrices et productives du fruit de Dieu.

« Jamais, depuis qu'existe le monde, jamais homme ne fut, à l'égal de Garibaldi, le héros admiré d'aventures brillantes rehaussées par la petitesse des moyens d'exécution. La scène sur laquelle sa vie s'est jouée embrasse de telles proportions, que tous les actes sans nombre nous en apparaissent comme tout autant d'énigmes. La vie de Garibaldi est un véritable chapelet d'orages, d'épreuves aux mille aspects, de faits d'armes à ébahir les plus incrédules, une série de victoires surhumaines et presque incroyables. Quand son histoire sera écrite, les détails fantastiques, en apparence, qui en formeront le tissu, la feront prendre pour une féerie fabuleuse. Il faudra se garder d'en confier la composition à un écrivain de romans. Cette histoire, la plus belle des légendes, elle revient de droit à la plume d'un des grands apôtres modernes, combattant comme Garibaldi, mais sous la forme intellectuelle, le passé et le présent, pour réveiller les peuples et les lancer sur le chemin de l'avenir, c'est-à-dire dans la voie progressive de Dieu.

« Je divise en trois principaux actes la grande mission de Garibaldi. Le premier commence quand, à l'âge de vingt ans, il conspire à Gênes, et finit lorsqu'il quitte l'Amérique où il combattait pour une cause bonne, mais nullement la sienne, en volontaire et non en patriote. Le second acte débute par sa rentrée en 1848 dans sa patrie à laquelle il donna ses hommes et son sang. Il s'offrit « à tous ceux qui promettaient une Italie; » à Pie IX d'abord, puis à Charles-Albert qui ne voulut pas de ses services. Garibaldi n'en marcha pas moins contre les Autrichiens qu'il combattit malgré le roi. La paix faite, seul il tint la campagne avec une poignée d'hommes. Ce second acte finit au moment où il repoussait l'Autrichien au nord de la Lombardie, et lorsque se signait entre les deux empereurs le traité de paix posant en principe la non-intervention. Le troisième acte date du jour où avec mille braves de sa trempe il partit de Gênes pour conquérir le royaume de Naples, par lui remis aux mains et placé sous le sceptre de Victor-Emmanuel. Cet acte est loin d'être fini. J'ose affirmer même, que le vrai rôle de Garibaldi n'est pas commencé.

« La créature de Dieu qui, maintenant, a le plus de chances d'être l'élu des peuples de l'Europe, et, par conséquent, de Dieu, pour diriger la grande éclosion humanitaire collective au moment solennel de sa crise de puberté, c'est le grand, le simple

Garibaldi; l'homme qui fait bondir tous les cœurs généreux et dévoués d'Europe, et représente en lui la vie de cette grande collectivité. Oui, je dois le proclamer, car j'en ai l'intuition certaine : le grand libérateur des peuples, ce sera lui; lui, revêtu comme d'une cuirasse de l'ensemble de tous les peuples travailleurs; qui renforcera à leur tête la végétation pubère et la fera éclore.

« Comment débutera, comment se dénouera ce grand drame végétateur? Dieu seul peut le savoir. Ce qu'il m'est possible cependant d'affirmer en toute certitude, c'est qu'il ne saurait manquer d'avoir lieu, aussi sûr qu'il est universellement vrai que, régis par la même loi que ces événements, nous passons tous, au moment voulu, individuellement en puberté; que, de par Dieu, l'analogie divine ainsi l'ordonne; que le même travail préparateur s'opère dans toute l'Europe pour faire passer dans sa vie adulte cette grande collectivité populaire, et que la rédemption de la belle Italie est de toute évidence le signe précurseur de ce grand événement.

« Du moment que les deux portes de fer cerclées par le mal vivant à Rome et à Venise seront ouvertes pour la délivrance de populations depuis si longtemps écrasées et souffrantes, toute l'Italie sera libre des Alpes à l'Adriatique, comme le voulut un jour Napoléon, et son unité sera faite et parfaite.

« Mais qui est-il donc, demanderai-je encore, qui est-il cet homme qui n'aspire qu'à n'être rien, lorsqu'il lui serait si facile d'occuper les postes les plus élevés du royaume? En vit-on beaucoup de semblables? En voit-on d'autres comme lui, aussi exempts d'orgueil, d'ambition et d'envie que purs de tout égoïsme personnel : les trois principaux mobiles jusqu'à ce jour des hommes et du monde? Il a voulu, lui, demeurer pauvre et simple citoyen, afin de se tenir dégagé de tous liens et de pouvoir être ce que les circonstances et les exigences des temps décideront qu'il soit, pour aller délivrer ses frères souffrant dans les bagnes des princes de ce monde; et chaque fois qu'il a atteint le but offert à son zèle libérateur, il rentre chez lui content et heureux, se félicitant d'avoir contribué, autant qu'il était en lui, à faire éclore de belles actions, actes caractéristiques de la vie véritable et libératrice.

« Notre Garibaldi est vraiment la tête des peuples. A tous les autres hommes il préféra toujours les pauvres et ceux qui souffrent; et sa vie n'a été qu'un continuel sacrifice de dévouement et d'amour pour les délivrer et les consoler. Cette préférence, toutefois, n'éteint pas en son cœur la justice et ne saurait l'empêcher, quand il distingue une belle âme dans les rangs des princes de la politique et de la religion, de l'aimer comme si c'était l'un des siens.

« Dans presque toutes les villes qu'il traverse, Garibaldi reçoit des adresses du clergé libéral. A ces adresses il répond invariablement par ces paroles : « Prêchez l'Évangile tel qu'il est. Si l'on
« vous ferme les temples, si l'entrée de la chaire
« vous est interdite, rendez-vous sur les places
« publiques et, comme l'homme-Dieu qui a donné
« son nom à notre religion, dites aux masses la
« vérité. »

« N'est-ce pas le premier langage des premiers apôtres anciens ; n'est-ce pas celui des premiers apôtres modernes prêchant sans cesse l'amour, la bienveillance, la tolérance et la liberté pour tous?

« Pourquoi Garibaldi fait-il si grande figure dans l'humanité? C'est parce qu'il vit dans tous les cœurs généreux des peuples de l'Europe et que tous pensent à lui, se rallient à sa volonté. En d'autres termes, il les amène tous à fusionner avec lui, conservant entière leur individualité propre, en vertu du rayonnement magnétique du grand foyer d'amour qu'il porte en son cœur. Nous ne pouvions le classer plus justement, le caractériser mieux qu'en lui donnant, ainsi que je l'ai fait au commencement de ce chapitre, son vrai nom, celui de Grand Messager de Dieu. »

Le célèbre Père Gavazzi, dans les brûlants sermons qu'il a prononcés sur les places publiques de Naples, après la triomphante entrée de Garibaldi dans cette ville, en passant en revue ses grandes actions, l'a, comme M. Louis Michel, défini et nommé *un envoyé de Dieu,* notamment dans le passage suivant du premier de ses quatre discours en plein vent que nous avons traduits à l'époque où ils furent prononcés (1).

« Messieurs, j'ai entendu parler, il y a quelques mois, du levain révolutionnaire qui fermentait à Naples ; puis les mêmes symptômes d'insurrection se produisirent en Sicile... Disons-le franchement : la Sicile aurait-elle triomphé avec ses seules forces ? Bien évidemment non. — Bien que le mouvement sicilien fût ardent, généreux, fort et prêt à tout, jusqu'à l'effusion du dernier sang de mort.(*sangue*

(1) *Sermons du Père Gavazzi.* Poulet-Malassis et de Broise. 1861.

di morte), seuls, les héros siciliens eussent succombé sous les forces organisées du détestable Bourbon! — Et vous, les enfants du Vésuve, quoique vous eussiez à endurer tout ce qu'une âme, un cœur, un corps humain peuvent souffrir sous l'infamie de ce gouvernement à bon droit surnommé LA NÉGATION DE DIEU, c'est-à-dire le gouvernement de Satan, l'enfer lui-même incarné en Ferdinand II et en François II, pouviez-vous seuls accomplir votre légitime vengeance? Pouviez-vous seuls renverser le trône de ce mauvais génie, vous soustraire au joug odieux des sicaires et des bourreaux? Non. — Qui a apporté la victoire à la révolution sicilienne? Qui a donné les roses du triomphe (*Fiorito di rose*) à l'insurrection napolitaine? Un homme? Non, un ange, un envoyé de Dieu... le héros Garibaldi. (*Vive Garibaldi!*) Sans Garibaldi, les deux Siciles seraient encore dans les chaînes. C'est à lui, à lui que rendent grâces nos cœurs... Vive Garibaldi! (*La foule répète plusieurs fois le même vivat.*) Qui a suivi Garibaldi dans son expédition de Sicile? Qui l'a accompagné jusqu'à Naples à travers les Calabres? — C'est la jeunesse italienne... de toutes les provinces italiennes... sans en excepter une seule ! Ils ont entendu, ces braves, ceux qui souffraient, ceux qui combattaient, et ils ont sacrifié pour la plupart le bien-être, les délices, la fleur de la jeunesse, la richesse, les aises, le luxe, les plaisirs... et ils sont accourus à l'appel de Garibaldi, en vue, non de récompenses, ni d'honneurs, ni d'emplois, mais de souffrances, de jeûnes et de privations ; et ils ont triomphé ! Depuis le débarquement à Marsala jusqu'à l'entrée à Naples, la marche de notre Garibaldi n'a été qu'un triomphe, et il triomphera toujours, parce qu'en lui combat la valeur, la loyauté, la justice, la cause de Dieu en un mot, parce que la cause du peuple est la cause de Dieu ! Oui, Dieu accordera toujours la victoire à son envoyé ! (*Applaudissements.*) »

APPENDICE

APPENDICE

Depuis mon voyage à Caprera, il est né au général (par sa fille, madame Thérésa Canzio) un quatrième petit-fils qui a reçu le nom de Giulio.

L'usage invariable du général est, je l'ai dit plus haut, de donner à ses enfants et petits-enfants pour prénoms, non des appellations de saints, mais des noms de patriotes et de martyrs de leur belle cause.

Giulio, qui vient de baptiser le dernier-né, était un des Mille de Marsala et se trouva à Aspromonte.

Lorsque les bersagliers de Pallavicini eurent gravi l'âpre montagne, blessé et fait prisonniers Garibaldi et son fils aîné, et se furent emparés de la plupart de leurs compagnons, Giulio et neuf autres des volontaires présents parvinrent à échapper à l'assaillant et à descendre la montagne dans la direction de la mer.

Ils étaient affamés. On n'avait eu d'abord pour vivre, dans la colonne garibaldienne, que des pommes de terre et de l'eau. Puis cette faible nutrition même avait manqué, et depuis deux jours on n'avait rien mangé sur l'aride coteau où l'on avait pris position.

Giulio et ses compagnons découvrirent une petite *osteria* et y entrèrent pour assouvir tant bien que mal la cruelle faim dont ils souffraient.

Un bersaglier les vit par malheur. Il alla avertir le commandant de son bataillon. L'*osteria* fut cernée et tous les pauvres garibaldiens furent pris, moins un d'entre eux qui eut la chance de pouvoir gagner le rivage et se jeta à la mer. On l'y poursuivit; on lui tira force coups de fusil qui ne l'atteignirent pas. Bref, il eut l'insigne bonheur de ne pas se noyer et finalement de se sauver.

Quant aux autres, Giulio en tête, ils furent conduits sur la plage et impitoyablement fusillés.

Je tairai, par égard pour son pays que j'aime et pour l'uniforme qu'il porte, le nom du major italien qui ordonna ce massacre.

———

M. Menotti Garibaldi, dont on a annoncé le voyage apocryphe en France, est colonel et aide de camp honoraire du roi, mais, pas plus que son père, il ne touche le traitement de son grade.

Comme tous les autres compagnons de son père, il n'a dû ses grades successifs qu'à des blessures ou à des actions d'éclat.

Son voyage en France n'eût pu avoir, dans aucun cas, comme on l'avait prétendu, des achats d'équipements en grand.

Les garibaldiens n'ont pas besoin de tant de choses, et une des éminentes qualités qui les distinguent est de pouvoir se passer de tout.

Leur illustre général fit toute la campagne des Deux-Siciles avec la même chemise rouge, la portant, bien entendu, jour et nuit.

Comme elle était toute déchirée et littéralement

en lambeaux, lorsque l'on fut arrivé à Naples, un de ses aides de camp prit sur lui de la faire remplacer, pendant le sommeil du général, par une neuve qu'au réveil il trouva au pied de son lit.

Il se fâcha beaucoup, ne voulait pas la mettre et redemandait sa vieille chemise, disant ne point savoir d'où l'autre lui tombait et n'être point homme à accepter ainsi des présents anonymes. Il fallut que son aide de camp lui révélât le troc qu'il s'était permis et lui en demandât pardon presque, pour qu'il se résolût enfin à endosser le neuf habit en question.

J'ai entendu conter à M. de Cavour que, lorsque le gouvernement de Victor-Emmanuel, au début de la guerre de 1859, se décida à lancer dans la Lombardie Garibaldi et ses héroïques volontaires, on les munit de tout. Le grand ministre prit soin qu'ils eussent des sacs de campagne au moins aussi bien garnis que ceux de l'armée régulière.

Cette abondance les gênait. Ils n'eurent pas fait une marche que déjà ils avaient de leurs sacs *plein le dos*. Ils les déposèrent donc délicatement et les emmagasinèrent dans une grange qu'ils trouvèrent sur leur route et dont ils prirent la clef. On les retrouva là, quelques jours après, intacts, moins toutefois une paire de souliers que chacun d'eux avait prise et qui ne fut pas de luxe. Puis, avec ce bagage et un morceau de pain, ils avaient couru, alertes, au-devant des Autrichiens, qu'ils rossèrent, comme on sait, de la belle façon, à Sesto-Calende, à Varèse, à Borgo-Vico, Camerlata et autres lieux.

Lorenzo Valerio, un des meilleurs et des plus anciens amis de Garibaldi, depuis préfet de Côme, et mort l'année dernière préfet à Messine, le suivit dans cette mémorable campagne. Il partagea son lit, lorsque lit il y avait, et ses privations.

— Mais de quoi vivrons-nous? lui dit-il au départ.

— De pain et d'eau, lui dit son héroïque ami.

— Ah! au moins un peu de fromage...

— Tu es un sybarite! lui dit Garibaldi. Reste si tu veux.

Valerio n'en marcha pas moins, et le souvenir

de cette rude, mais belle campagne, lui resta comme le meilleur de sa vie.

« Tant d'honneur valait bien un fromage sans doute. »

Un de mes amis, très-versé dans la connaissance de la société anglaise, m'a raconté comment l'illustre Spartiate de Varèse et de Marsala s'était trouvé conduit, dans son dernier et triomphal voyage à Londres, à loger sous le toit ultra-aristocratique de Sa Grâce le duc de Sutherland.

En apprenant la prochaine arrivée du héros, les ouvriers de Londres firent, par cotisation, un fonds considérable pour le bien recevoir et déclarèrent qu'à eux appartenait, par affinité démocratique, l'honneur de traiter un tel hôte.

On n'alla point à l'encontre d'un vœu si légitime. Les ouvriers tinrent donc conseil, et ils reconnurent que, pour atteindre leur but, des banquets ne suffisaient pas. Il fallait loger dignement le glorieux solitaire et sa petite suite, composée uniquement d'un aide de camp, de M. Piantugli, son secrétaire, et du brave Pietro Gaddi, son ordonnance.

Le mettre dans la fourmilière d'un grand hôtel de Londres, il n'y avait pas à y songer. Un tel mode de casernement l'eût par trop contrarié dans ses habitudes de silence et de retraite. Aucun des souscripteurs n'était, d'autre part, en mesure de lui offrir un gîte convenable et suffisamment spacieux.

C'est dans cet embarras que les ouvriers de Londres eurent l'originale idée de s'adresser, pour en sortir, à l'un des grands seigneurs anglais les plus réputés pour leur esprit libéral et leur sympathie pour la cause italienne : j'ai nommé le duc de Sutherland.

Ils envoyèrent à Sa Grâce une députation qui fut reçue avec empressement et trouva le duc on ne peut plus en disposition et on ne peut plus flatté de recevoir chez lui le héros et sa suite.

— Nous ne vous demandons que cela, lui dirent-ils; le reste nous regarde. Seulement, nous vous prions, en outre, de vouloir bien mettre à la disposition du général votre carrosse de gala.

— Bien volontiers, leur dit le duc, mais il sera bien gêné dans cette lourde et transparente machine, vitrée sur tout son pourtour. Moi-même je ne m'en sers absolument que lorsque je vais chez la reine ; il vaut bien mieux que je lui donne ma meilleure voiture de ville, attelée de mes meilleurs chevaux, et moi, pendant ce temps, je me servirai de la voiture de la duchesse.

L'offre fut acceptée avec remerciements, et voilà comment le grand plébéien devint l'hôte du noble duc, chez qui il rencontra toute la haute aristocratie anglaise, de qui il ne fut pas moins fêté que de la démocratie. Il est lié, depuis lors, d'amitié étroite avec le duc de Sutherland, qui va le voir à Caprera aussi souvent qu'il peut. La duchesse, qui est jeune et charmante, aime beaucoup à être de ces belles parties-là, et l'île rocheuse et ses mâles habitants gardent avec reconnaissance le souvenir de ses aimables apparitions, de son affabilité, de ses grâces.

Les traits de générosité et d'humanité courageuse de Garibaldi abondent tellement, que les dénombrer serait chose impossible. Le nombre des gens qu'il a secourus et sauvés est bien supérieur à celui des ennemis qu'a abattus sa main vaillante. En Amérique, on l'a vu se précipiter dans les eaux troubles et fangeuses de ports encombrés de navires et arracher à la mort, en la bravant lui-même, sous leurs carènes pressées, des hommes, des femmes, des enfants.

Le 12 juin 1861, au rapport de tous les journaux de cette époque, la goëlette *la Pintade*, capitaine Niccolini, d'Ajaccio, se trouvait en péril dans le dangereux canal de la Monnaie, qui sépare la Maddalena de Caprera et conduit à la haute mer. Tout à coup un bateau de pêcheur se détacha du rivage de cette dernière île; un homme seul la conduisait : il aborda la goëlette.

— Capitaine, dit-il, donnez-moi la barre ; je vais vous tirer d'ici.

Le capitaine ne se fit pas prier, et notre homme, manœuvrant avec une merveilleuse activité et un rare coup d'œil à travers les bas-fonds de la passe de la Monnaie, la plus périlleuse de toutes les passes des bouches, eut bientôt mis la *Pintade* hors de danger.

— Vous voilà en route, capitaine, dit l'inconnu; le cap est sur Arzachena; il n'y a plus rien à craindre ; une poignée de main, et bon voyage !

— Vous avez sauvé mon navire, s'écria le capitaine : vous ne partirez pas ainsi, j'entends vous payer.

— Vous ne me devez rien.

— Je ne vous dois rien! Acceptez au moins un verre de rhum.

— Merci, je ne bois que de l'eau.

— Mais quel métier faites-vous donc? Vous refusez mon argent et jusqu'à mon rhum? Qui êtes-vous?

— Qui je suis? Je suis un homme qui habite Caprera et qui cultive son champ.... Et, s'élançant dans sa barque, l'inconnu s'éloigna aussi vite qu'il était venu.

Arrivé à la Maddalena, le capitaine Niccolini s'empressa de raconter son aventure aux marins de l'*Emma*, goëlette que M. Alexandre Dumas tenait alors aux ordres du général Garibaldi. Les matelots de l'*Emma*, après avoir écouté le long récit du capitaine Niccolini, voulurent avoir le portrait de l'inconnu.

— C'est un homme bien bâti, dit le capitaine, il a de longs cheveux, une barbe rousse, avec un de ces visages que l'on voudrait toujours regarder. Il portait une chemise rouge, un pantalon gris-bleu, de gros souliers; de plus, il avait un mouchoir noué sur les épaules.

D'immenses éclats de rire accueillirent les paroles du narrateur, qui, tout étonné, en demanda naïvement la cause.

— Marquez ce jour dans votre mémoire, capitaine Niccolini, dirent alors au pauvre homme les marins de l'*Emma* : c'est le général Garibaldi en personne qui est monté à votre bord et vous a servi de pilote et de sauveur.

Garibaldi méprise tellement le danger, qu'il lui est arrivé souvent de l'affronter, uniquement pour le plaisir du danger même.

Voici ce que raconte de lui un de nos plus grands compositeurs, M. Félicien David, qui a fait avec lui le voyage d'Orient, et ce qu'il a confié nommément à M. Henri de Pène, directeur de la *Gazette des Étrangers*, de qui nous aimons à reproduire le piquant et certainement très-véridique récit :

« Il y a de cela trente ans environ; c'était le temps où le Saint-Simonisme, maltraité à Paris, un peu tombé dans le ridicule, — qui épargne rarement les choses incomprises, — échoué sur la côte de Ménilmontant, émigrait par bandes vers l'Orient.

« On n'a pas oublié le nom de la plupart de ces apôtres de Saint-Simon, car presque tous sont devenus plus tard des hommes célèbres, considérables ou utiles, les uns dans l'industrie, les autres dans la politique, quelques-uns dans les arts.

« Félicien David, par exemple, fit partie de l'émigration que dirigeait M. Émile Barrault, et voilà nos réformateurs persécutés faisant voile pour Constantinople, à bord de la *Clorinde*, un petit bâtiment de commerce, assez joli marcheur, qui traçait, à la satisfaction de l'équipage et des passagers, son sillon sur l'azur de la Méditerranée.

« On n'était pas bien loin de la côte africaine.

« Félicien David, l'illustre maître d'aujourd'hui, qui s'était jusque-là signalé dans son art seulement par des cantiques que chantaient, à Ménilmontant, ses frères en Saint-Simon ; Félicien David, par une chaude soirée, causait sur le pont avec le second de la *Clorinde*, un jeune homme vigoureux, hardi, attentif, très-visiblement désireux de s'instruire en causant avec cette bande de rêveurs français, auxquels il s'était fait connaître pour un patriote italien, quelque chose comme un carbonaro, momentanément écarté par la force des choses de la politique remuante des *ventes*.

« — Qu'est-ce que je vois là? dit le musicien français en désignant de la main à la vue plus perçante du jeune marin un point noir qui flottait derrière le navire, à une certaine distance, et semblait, par moments, un corps qui sort de l'eau.

« — C'est une tortue, une tortue de la grande espèce, ou, comme on dit encore, une chélonée.., fameux potage, au dire des Anglais!... On n'en voit guère dans ces parages-ci ; et que diable est-elle venue faire si loin de la côte?... Tenez, la voyez-vous qui se soulève sur l'eau pour respirer?...

« — On ne nous donnait pas de soupe à la tortue à Ménilmontant, reprit Félicien David, et je ne serais pas fâché de savoir quel goût ça vous a. Mais le bon Dieu n'a pas servi cette soupe-là à notre portée. N'y pensons plus... Comment les prend-on?

« — En mer, on les harponne, comme des cétacés. Mais la pêche la plus simple et la plus productive, c'est de les guetter au moment où elles côtoient le rivage par troupes pour y faire leur ponte. On leur tend alors un grand filet de corde, ou bien, quand cela est possible, on les retourne pour les assommer. La pêche devient alors une chasse... Il y a bien encore une troisième manière, mais celle-ci n'est guère usitée. Elle est dangereuse.

« — Voyons la troisième manière?... Cette soupe ambulante, cette carapace flottante n'est donc pas inoffensive?

« — Si peu, qu'autant vaudrait avoir la cuisse ou le bras entre deux rasoirs de Sheffield que sous le bec d'une chélonée.

« — Bah!... Et cette troisième manière?...

« — Je vais vous la montrer, répondit tranquillement le second de la *Clorinde*, et il se jeta à la mer tout habillé, *poussa au monstre*, comme Hippolyte dans le récit de Théramène, fendit les flots, en homme aussi à son aise dans l'eau que sur la terre ferme, et peu après il remontait sur le pont, très-mouillé, un peu ensanglanté, mais tenant sa proie.

« — Vous aurez votre soupe à la tortue, dit-il à Félicien David.

« — Quelle folie! fit celui-ci.

« — Bah! dit à son tour l'officier de la *Clorinde*

en levant légèrement les épaules. Un peu plus tôt, un peu plus tard!... » Et il se retira dans sa cabine pour changer de vêtements.

« J'ai oublié de vous dire une chose, c'est que l'interlocuteur de Félicien David sur le pont de la *Clorinde* se nommait Joseph Garibaldi.

« L'homme vaillant qui porte ce nom, revenu depuis quelques semaines dans toutes les bouches, préludait alors par d'obscures navigations commerciales à ses brillantes destinées.

« Il paraît qu'il exerce sur tout ce qui l'approche un prestige incontestable; je me souviendrai toujours que G. Carini, qui fut l'un de ses lieutenants, le général Carini d'aujourd'hui, grand-croix des SS. Maurice et Lazare, aide de camp du roi d'Italie ; Carini qui naguère faisait à Paris le *Courrier franco-italien*, Carini m'écrivait un jour de son lit de douleur (une balle reçue à l'épaule, en entrant à Palerme, l'y clouait et ne lui a pas encore tout à fait pardonné); Carini m'écrivait, lui, un Parisien d'adoption, un journaliste parisien, qui plus est! Carini m'écrivait ces lignes enthousiastes : « En « ce moment, Garibaldi entre dans ma chambre; il « s'approche; *je ne sens plus mon mal.* »

C'est, je crois, à la même époque de sa vie qu'il faut rapporter ce trait d'une bonté universelle et d'une douceur de mœurs dont ne peuvent avoir idée ceux qui n'ont pas vu de près cet homme réellement extraordinaire.

On fêtait, à bord d'un navire dont il était second, la Pâque, et l'on y consommait l'agneau consacré. Garibaldi, lui tout seul, ne voulut pas toucher au mets, et se contenta de manger son pain à côté du régal que faisaient les passagers et l'équipage.

Quelqu'un lui demanda pourquoi il ne prenait pas part à la fête commune.

— Je n'en ai pas le cœur, dit-il; c'est moi qui ai nourri cette pauvre petite bête, et je ne me suis pas senti le courage de la dévorer.

Ce fut encore pour un pauvre agneau égaré qu'une nuit, à Caprera, on le vit se lever, s'habiller, jeter un manteau sur ses épaules et, avec une lanterne, s'avancer au milieu des rochers qui hérissent son île. Il ne termina sa minutieuse recherche qu'après avoir trouvé le petit fugitif que, pour le réchauffer, il emmaillotta bien sous son manteau et sa blouse.

Comme on s'en étonnait un peu le lendemain, en lui faisant observer qu'un agneau de plus ou de moins n'était pas une grosse affaire :

— C'est vrai, dit-il, mais j'ai songé que ce pauvre animal allait probablement mourir de faim et de froid, et je suis allé le chercher.

Il est peut-être des esprits à qui de tels récits sembleront puérils. Quant à moi, ces petits traits d'exquise bonté d'âme me touchent profondément et achèvent d'éclairer la figure d'un homme vraiment incomparable. Voilà pourquoi je les raconte.

COUP D'ŒIL SUR L'ARMÉE DE GARIBALDI DANS LE ROYAUME DE NAPLES.

Si la bonne fortune des siècles à venir veut qu'il y apparaisse jamais un second Walter Scott, un héritier de ce grand enchanteur sans sortiléges que Victor Jacquemond prétendait être, en compagnie de Rossini, l'homme *le plus utile* de son temps, à cause de tout le bien moral qu'ils auront fait tous deux à leurs contemporains; si, disons-nous, une telle chance est réservée à nos neveux, l'armée de Garibaldi fournira à la plume de l'heureux successeur du grand romancier anglais des tableaux, des sujets dignes de l'un et de l'autre.

Certes, ni le camp de Wallenstein, ni les troupes si bigarrées de Charles VIII et de Louis XII, ni celles de Gustave-Adolphe, ni les bandes quadrillées de Montrose, duc d'Argyle, n'ont approché, par le pittoresque, par l'étrangeté, ni encore par l'intérêt général ou même particulier qu'ils pouvaient soulever, de la cosmopolite et enthousiaste armée de l'homme extraordinaire qui, entraînant tout sur son passage et renversant comme Josué les places fortes en sonnant sept fois de la trompette, a conquis un royaume de dix millions d'âmes avec des moyens primitifs d'agression composés de mille soldats, de deux frêles coques de noix et de trente-six mille francs, et que quelqu'un a, non sans justesse, appelé, à cause de la rapidité foudroyante de sa marche, l'*Attila de la civilisation.*

Ce ne sont point les barbares qui se sont levés à sa voix, ce sont les enfants des nations les plus policées et les plus intelligentes de l'Europe : les

Italiens de Milan, de Venise, de Gênes, de Naples, de Palerme, de Turin, de Florence; les nobles débris de l'émigration hongroise; des fils même de cette Germanie qui a si longtemps pesé sur l'Italie dont elle tient encore une grande province opprimée et esclave; des Français que nous sommes heureux de compter, bien qu'en petit nombre, dans ces légions libératrices; des Anglais et des Écossais venant, par ce que leurs plus sérieux journaux ont appelé : le *train de plaisir en Sicile* et l'*excursion au Vésuve,* venant spontanément à leurs frais s'enrôler sous la bannière garibaldienne et briguant l'honneur de marcher les premiers contre les remparts de Capoue; des Polonais, des Grecs même, un échantillon de toutes les nations de l'Europe, et tout cela armé, accoutré, équipé de cent façons diverses, parlant tous les idiomes et brodant, sur la chemise rouge qui est comme le fond, le canevas du tableau, les plus capricieuses arabesques et les plus multicolores fantaisies d'insignes, d'attributs, de costumes et autres.

Les personnalités tranchées, les types étranges n'abondent pas moins là que les diversités de mœurs et de races. Une grande partie de ce que la génération présente compte de généreuses audaces et de têtes noblement aventureuses s'est donné comme rendez-vous dans l'armée volontaire des nationalités et de la liberté.

Les femmes elles-mêmes y ont apporté leur tribut, et pas plus que dans les phalanges chevaleresques chantées par le Tasse ne manquent là les Herminies ni les Clorindes. En cherchant bien à travers les rangs vigoureux des mâles et braves concitoyens de Rob=Roy, on y trouverait aussi des Diana Vernon.

Une de ces héroïnes, mi-guerrières, mi-hospitalières, est la jeune comtesse de la Torre, née Salasco et fille du général de ce nom, qu'on a vue, depuis le commencement jusqu'à la fin de la campagne, suivre partout l'armée de Garibaldi et ne craindre ni la mêlée ni le séjour des avant-postes. Au quartier général sa demeure était l'asile des malades et des blessés.

Le correspondant, à Caserte, d'un journal parisien lui a tracé de cette belle amazone le romantique portrait suivant :

« Un capitaine de génie, M. Fix, Belge, avait reçu dans la journée du 1ᵉʳ octobre deux coups de feu dans les reins, en repoussant l'ennemi à la baïonnette au delà de Saint-Ange. J'appris qu'il était à Caserte, *palazzo Monti*, et j'allai le voir. Le palais Monti est, après le palais royal, la plus belle habitation de Caserte. Je traversai, pour aller jusqu'à mon ami, plusieurs vastes chambres, et le trouvai étendu sur son lit, dépouillé jusqu'à la ceinture, prêt au pansement.

« C'était le soir. Un soldat de haute taille, tenant dans ses mains une lampe, éclairait la salle, un autre portait l'appareil, et, avant de l'appliquer, on paraissait attendre quelqu'un.

« Un bruit de sabre, mais un bruit léger et qui n'avait rien de soldatesque se fit entendre dans l'antichambre.

« Tous les yeux se tournèrent du côté de la porte.

« La statue de Jeanne Darc qui représente la Pucelle ayant dans ses mains une épée dont le pommeau repose sur le sein, tandis que la pointe regarde vers le ciel, et dont l'auteur est une princesse, peut donner une assez juste idée du personnage qui fit alors son entrée.

« En effet, c'était à la fois un guerrier et une femme. Son costume était celui de la statue : une longue tunique accusant les seins et descendant jusqu'au genou ; mais, de plus, un manteau, comme l'amictus romain, pouvant draper le corps de mille façons.

« Un petit sabre élégant pendait par-dessous jusqu'à terre, et, pour en finir, la dame était belle.

« Elle s'approcha du lit en souriant, plaça les bandages, rassura doucement le malade, s'informa s'il ne manquait de rien, salua et sortit.

« Je me crus revenu aux temps fabuleux de Berthe aux grands pieds.

« — Quelle est cette femme? dis-je au capitaine.

« — Vous ne connaissez pas la romanesque com-
« tesse de la Torre? me dit-il. Ma blessure me fa-
« tigue trop pour que je puisse parler longtemps;
« sans cela je vous raconterais son histoire. Bornez-
« vous à savoir, pour le moment, qu'elle prodigue
« indistinctement aux garibaldiens blessés des hôpi-
« taux, comme à ceux qu'elle accueille ainsi que
« moi chez elle, les mêmes soins désintéressés et le
« baume des mêmes consolations. »

Dans une sphère plus populaire, la jeune et belle cabaretière de Piqua-Secca, la Marianna Giovannara, si connue des Napolitains, est un type analogue. Sorte de Théroigne de Méricourt, sans les furies démagogiques, ou de madame Grégoire insurrectionnelle, elle verse à boire aux patriotes, les encourage, les pousse au combat, où elle sait au besoin les guider sabre ou drapeau en main ; s'ils sont blessés, elle les soigne comme naguère elle les cachait quand ils étaient poursuivis. C'est elle qui est l'âme de toutes les manifestations populaires, et, quand Garibaldi fit son entrée à Naples, elle précéda la foule courant au-devant du libérateur, et eut l'honneur d'être embrassée cordialement par lui sur les deux joues. Sous les Bourbons, soit qu'elle eût séduit la police, soit que son adresse fût supérieure à l'instinct des limiers, des sbires et des espions dont Naples était pleine, elle servit constamment, sans être jamais surprise, d'intermédiaire habile et heureux entre bon nombre de familles napolitaines et leurs membres proscrits, faisant passer les lettres, transmettant les messages, plus tard recevant et distribuant les mots d'ordre, toujours suivie et écoutée. De temps en temps, elle quitte son échoppe, qui n'est humble et pauvre que d'apparence, et se rend à Santa-Maria, au Vulturne, aux lieux où l'on se bat. Puis elle revient, après avoir payé, s'il y a lieu, valeureusement de sa personne, verser de nouveau le vin rouge et épais de ses caves et servir la pratique, sans paraître plus fière, ni moins placide pour cela.

Pour que rien ne manquât à l'extrême originalité des cohortes que menèrent Garibaldi, Bixio, Turr, Medici à la victoire, on y compta jusqu'à des bataillons de prêtres et de moines qui, au lieu de grouiller comme ils faisaient avant, par milliers, oisifs, dans les rues de Palerme, de Messine et de Naples, se sont piqués d'honneur et ont voulu, eux aussi, se dévouer à la cause de la liberté. Les uns combattaient, les autres priaient pendant qu'on était aux mains, comme le pontife biblique ; la mission spéciale de ceux-ci était de soigner, de confesser et de consoler les blessés. Ligueurs d'un nouveau genre, ils ont pris d'une main l'épée et de l'autre le crucifix, contre le fanatisme et la tyrannie.

UNE ENTREVUE AVEC GARIBALDI EN AVRIL 1861.

C'est dans les premiers jours d'avril 1861 que j'ai eu l'honneur de voir pour la première fois le général Garibaldi.

Je n'oublierai jamais et rien n'affaiblira l'impression profonde dont je fus frappé en touchant la main héroïque et en voyant de si près les nobles traits de l'homme incomparable qui vivra dans les âges, tant qu'il y aura une âme pour sentir les hauts faits et une langue pour les dire. Le lion au repos, c'est bien l'image exacte du calme dans la force, de la dignité simple et comme involontaire qui étaient dans son attitude. Étendu sur son lit comme sur une chaise longue, et vêtu de la chemise rouge, il s'appuyait sur son coude gauche, afin de faire face à ses deux visiteurs, M. Henri Martin et moi. Ce mouvement faisait ressortir sa puissante structure et ses larges épaules dignes d'un Milon ou d'un Eutelle.

Son regard bien en face, son œil bleu pénétrant, sa physionomie douce et majestueuse exercent une attraction en quelque sorte magnétique. Il est impossible de ne pas sentir en lui, dès qu'on l'approche, l'homme de commandement, de souverain prestige, et l'autorité naturelle empreinte dans ses traits et dans toute sa personne est d'autant plus invincible, qu'elle est plus exempte de morgue et cherche moins à s'imposer. Abd-el-Kader est le seul homme en qui j'aie trouvé quelque chose, beaucoup même de cette puissance morale innée, de cet irrésistible attrait.

Garibaldi me parut beaucoup plus jeune et beaucoup plus beau que ses portraits. Son visage plein, coloré, lisse, un peu hâlé par les vents de mer et le soleil de Caprera, était au contraire celui d'un homme dans toute la force et la maturité de l'âge, et sa barbe d'un blond doré, ainsi que ses cheveux châtains, ne se mêlaient encore d'aucun de ces tristes fils décolorés, indices de l'approche de la vieillesse. Le séjour de Caprera lui avait fait beaucoup de bien, et M. Henri Martin, qui l'avait vu à Bologne il y a dix-huit mois, le trouva vraiment rajeuni. Sa main large, carrée, blanche, bien modelée, correspond à sa forte stature, et est bien celle que les destins ont marquée pour tenir l'épée de la victoire, se tendre à tous les opprimés, les relever, les soutenir, et peser sur tous les despotes.

Le timbre de sa voix grave, harmonieuse, métallique, est le plus beau peut-être que j'aie jamais entendu ; il prépare, en charmant l'oreille, la persuasion et la confiance : telle devait retentir à l'*Agora* la voix de ces mélodieux orateurs de la Grèce qui, rien que par la musique du discours, captivaient et pliaient sous leurs raisonnements le plus mutin peuple du monde. Garibaldi parle avec grande facilité la langue française, et comme Victor-Emmanuel et M. de Cavour, il la parle, ai-je dit déjà, sans aucune espèce d'accent.

L'illustre général voulut bien tout d'abord nous exprimer combien l'Italie et lui étaient reconnaissants à la France des marques de sympathie et d'intérêt qu'elle leur donnait et dont venait de témoigner ce voyage entrepris par plusieurs d'entre nous, pour venir rendre hommage à la mémoire de l'un des plus grands citoyens de l'Italie nouvelle, Manin.

Nous lui répondîmes que ce sentiment qui nous avait amenés à Turin était celui de la France tout entière, moins des divergences et une minorité qui ne pouvaient, en vérité, influer sur ses destinées et son rôle.

— Cependant, reprit le général, cette minorité s'est traduite par un chiffre considérable dans vos derniers débats législatifs touchant la question romaine.

— Il est bien vrai, lui dîmes-nous ; mais nous croyons pouvoir vous affirmer que cette minorité ne représente pas ou ne représente plus l'opinion vraie des électeurs qui l'ont envoyée à la Chambre.

— Vous le croyez?

— Nous en sommes sûrs, et vous le verrez bientôt, au résultat du nouvel appel qui ne peut manquer d'être fait prochainement au pays.

Nous lui rappelâmes à ce sujet combien vite l'opinion, d'abord un peu indécise sur la guerre de 1859, et ensuite, l'année dernière, sur la prodigieuse expédition des Deux-Siciles, avait été en France, et à ce double égard, ramenée dans la bonne voie; combien la presse libérale française s'était efforcée de concourir à ce résultat et de le préparer, en attendant que les grandes actions fissent le reste, et, écrasant partout la calomnie et l'injure, ne laissassent plus de place qu'à l'admiration et à la sympathie universelle. — Pour ma part, ajoutai-je, je m'honorerai toujours d'avoir appartenu au journal qui a mérité, parait-il, ou du moins obtenu, pendant votre campagne de Sicile et de Naples, le titre de *Moniteur de Garibaldi*(1).

Le général parut sincèrement heureux de cette certitude de l'amitié de la France, et nous savons que depuis, et plus expressivement encore, il s'en

---

(1) L'*Opinion nationale*.

explique avec une personne de son intimité qui eut la bonté grande, sachant nous faire plaisir, de nous en instruire aussitôt.

L'hommage rendu à Manin toucha surtout son âme si exempte de toute compétition, de tout ombrage à l'égard des autres grands citoyens contemporains qui ont secondé ou préparé son œuvre personnelle. Et quel homme a, plus que Manin, contribué à l'affranchissement et à la constitution de l'Italie?

L'avouerai-je? cette conviction des dispositions fraternelles de la France pour l'Italie et pour lui-même, me sembla alors un peu nouvelle dans l'esprit du général ; on eût dit que c'était pour lui, en quelque sorte, une découverte.

Un gros chagrin qu'il avait gardé sur le cœur à la suite et au sujet de l'annexion de sa chère Nice avait pu alors contribuer à entretenir en lui cette ignorance ou cette erreur, dont une autre raison excellente était celle que me donna le général Türr en me disant :

— Vous comprenez que quand nous étions en Sicile et en marche sur Naples, nous ne lisions guère les journaux.

— Vous les faisiez, lui dis-je, ce qui valait mieux.

— Je vois avec bonheur, reprit après ces quelques explications Garibaldi, que la France et vous comprenez comme moi le principe de l'union des peuples.

— Si bien, dîmes-nous, que le gouvernement de juillet a péri en grande partie pour l'avoir méconnu, et que le court pouvoir qui lui a succédé immédiatement a pu devoir aussi pour une portion sa propre ruine à ce que ses sentiments et ses intentions à cet égard n'ont pas eu le bonheur, l'occasion, la chance, le talent, si on veut, de se manifester suffisamment.

— Cela étant, dit le général, vous devez incliner à mon avis. Je tiens pour moi que *patriotisme* et *égoïsme* sont ou font une seule et même chose, et qu'au-dessus de toutes les patries doit planer, pour les relier toutes, la grande notion humanitaire, car nous nous devons à tous les opprimés, n'est-il pas vrai? ajouta-t-il avec une intention marquée.

Oui, sans doute; et l'idée de patrie, entendue dans le sens de *chacun chez soi, chacun pour soi,* qui a trop longtemps prévalu dans le monde, n'est, en effet, que le synonyme de personnalité et d'intérêt mesquin.

Nous lui parlâmes ensuite de de Flotte, qui était

parti pour la Sicile en disant à ses amis : « Il faut du sang français versé en Italie : je vais offrir le mien, » et que la rigoureuse destinée prit au mot. Le général nous répondit que, malgré le trop peu de temps qu'il avait eu pour apprécier ce digne frère d'armes, il avait reconnu et distingué en lui des qualités de premier ordre, et que l'Italie avait fait une grande perte le jour où notre vaillant concitoyen, à peine débarqué en Sicile, était tombé entre les bras du général Assanti, frappé d'une balle napolitaine dans un combat sans importance, et dont le résultat partiel, bien qu'heureux pour les armes garibaldiennes, ne valait pas une telle perte.

— Vous êtes blessé vous-même, général? dis-je en voyant la main droite du héros enveloppée d'une compresse.

— Oh! ce n'est rien, dit-il en souriant; je me suis coupé un peu en faisant l'ouvrier à Caprera. Seulement, par suite de cette égratignure, j'ai été forcé de m'abstenir de travailler, et alors le rhumatisme auquel je suis sujet m'a repris à la jambe. Je n'ai qu'un moyen de m'en débarrasser : c'est une grande action physique. Quand je suis en campagne, je ne souffre jamais.

— C'est, lui dis-je, ce que nous appelons en France un remède héroïque.

Quand nous prîmes congé de l'illustre général, il voulut bien nous témoigner qu'il nous recevrait toujours avec plaisir et amitié, latitude et faveur dont nous aurions aimé à user beaucoup, ce que pourtant nous ne fîmes pas, sachant combien il était assailli d'audiences à donner, de visites à recevoir, de réclamations à entendre, dans le court repos forcé et essentiellement relatif qu'il prenait à Turin. Nous emportâmes et je garderai un souvenir ineffaçable de cette entrevue, qui marquera dans ma vie une de ces dates que les anciens consacraient et marquaient par un signe heureux.

FIN DE GARIBALDI

TABLE DES MATIÈRES

I

Garibaldi en Amérique. — Retour en Italie. — Défense et retraite de Rome..................

II

Garibaldi en Lombardie........................ 13

III

Garibaldi dans les Deux-Siciles................ 23

IV

Garibaldi à Aspromonte................................ 33

V

Garibaldi à Caprera.................................... 45
    Avant-Propos.................................... 45
    I. — De Livourne à la Madeleine................. 48
    II. — La Madeleine.............................. 59
    III. — Caprera................................. 69
    IV. — Le Général............................... 78
    V. — Séjour à Caprera.......................... 93
    VI. — La famille du Général.................... 107
    VII. — Les Compagnons du Général............... 115
    VIII. — Veillée, nuit et matinée à Caprera..... 128
    IX. — Départ et retour......................... 136
    X. — Du rôle et de l'influence politiques de Garibaldi à Caprera............................ 146

VI

Garibaldi homme de guerre.............................. 155

VII

Garibaldi au Parlement................................. 161

VIII

Examen phrénologique de la tête de Garibaldi.. 179

IX

Garibaldi publiciste...................... 193

X

Garibaldi humanitaire..................... 201
APPENDICE........... 219

FIN DE LA TABLE DES MATIÈRES

CATALOGUE

DE LA

LIBRAIRIE

ACHILLE FAURE

23, Boulevard Saint-Martin, 23

A PARIS

MARS 1866

LIBRAIRIE ACHILLE FAURE

23, BOULEVARD SAINT-MARTIN

A PARIS.

NOUVELLE COLLECTION A 1 FR.

LES FRANCS-ROUTIERS, par ANTONY RÉAL.
LES TABLETTES D'UN FORÇAT, par ANTONY RÉAL.
LE COLONEL JEAN, par H. DE LACRETELLE.
LES PETITES CHATTES DE CES MESSIEURS, par HENRY DE KOCK.
L'AMOUR BOSSU, par HENRY DE KOCK.
LA NOUVELLE MANON, par HENRY DE KOCK.
GUIDE DE L'AMOUREUX A PARIS, par HENRY DE KOCK.
JEANNE DE VALBELLE, par CASIMIR BLANC.
LES ORNIÈRES DE LA VIE, par JULES CLARETIE.
SÉDUCTION, par RAOUL OLLIVIER.
UN MARIAGE ENTRE MILLE, par VICTOR POUPIN.
LES FINESSES DE D'ARGENSON, par ADRIEN PAUL.
NOS GENS DE LETTRES, par ALCIDE DUSOLIER.
LES CACHOTS DU PAPE, par CH. PAYA.
LA GUERRE DE POLOGNE, par EUG. D'ARNOULT.
IMPRESSIONS D'UN JAPONAIS EN FRANCE, par RICHARD CORTAMBERT.
FABLES NOUVELLES, par ED. GRANGER.
LA TÉLÉGRAPHIE ÉLECTRIQUE, par PH. DAURIAC.
NICETTE, par ADRIEN PAUL.
LES BRIGANDS DE ROME, par EUG. D'ARNOULT.
HISTOIRE DES PERSÉCUTIONS RELIGIEUSES EN ESPAGNE, par DE LA RIGAUDIÈRE.
LETTRES GAULOISES, par ULISSE PIC.

LE ROMAN D'UN ZOUAVE, par GRAUX.

INGENIO, par LOUIS CHALIÈRE.

LES SOIRÉES D'AIX-LES-BAINS, par Mme RATAZZI.

RIEN NE VA PLUS — LA ROUGE ET LA NOIRE, par LÉON DE MARANCOURT.

LA PERTE D'UN TRÉSOR, par ERNEST BILLAUDEL.

SOUVENIRS D'UN ZOUAVE, *campagne d'Italie*, par LOUIS NOIR.

LA FRANCE TRAVESTIE, OU LA GÉOGRAPHIE APPRISE EN RIANT. Reproduction exacte et complète en vers burlesques, se gravant facilement dans la mémoire, des 92 départements de France et d'Algérie, et de leurs 385 Préfectures et Sous-Préfectures.

SOUS PRESSE

pour paraître prochainement.

THÉRÉSA, par ADRIEN PAUL.

L'ANGLAIS AMOUREUX, par ADRIEN PAUL.

AMOUR PARTOUT, par ADRIEN PAUL.

UN BAL A L'OPÉRA, par VICTOR POUPIN.

MADAME LOUISE, par BÉNÉDICT-HENRI RÉVOIL.

LA MARE AUX OIES, par ERNEST BILLAUDEL.

LE TRAPPEUR DES KANSAS, par CAMILLE DE CENDREY.

LE PRISONNIER DES SIOUS, par le même auteur.

Pour recevoir *franco* dans toute la France un des volumes de la collection à 1 fr., il suffit d'envoyer à M. ACHILLE FAURE la somme de 1 fr. 20 c. en timbres-poste.

LIVRES
CLASSIQUES ÉLÉMENTAIRES
DE
BONHOURE
INSTITUTEUR

Méthode de lecture. 1 vol. cart............... 50 c.

Premières lectures courantes. 1 vol. cart..... 70 c.

Premières lectures instructives. 1 vol. cart... 90 c.

TABLE ALPHABÉTIQUE
DU CATALOGUE

LA LIBRAIRIE ACHILLE FAURE, 23, BOULEVARD SAINT-MARTIN.

ANONYMES.

L'Empereur à l'Institut. Une brochure in-8........ 1 fr.
Dieu pour tous, ou **La tolérance religieuse universelle.**
 Une brochure in-8... 1 fr.
Vive le luxe! Réponse à M. Dupin. Une brochure in-8. 1 fr.
Plan de Paris (magnifique plan Furne), mis au courant de tous les derniers changements.
> En feuilles............................... 2 fr. 50
> Cartonné................................. 3 »
> Cartonné et collé sur toile............ 5 »

La France travestie, ou **la Géographie apprise en riant.** *Carte drôlatique et mnémonique*, reproduisant en vers burlesques la nomenclature exacte et complète des 92 départements de France et d'Algérie et de leurs 385 préfectures et sous-préfectures. 1 joli volume in-18 raisin, orné d'un frontispice illustré... 1 fr.
Mémoires d'une biche anglaise. 1 charm. vol. orné du portrait de l'héroïne des Mémoires (ouvrage épuisé).
Une autre biche anglaise. Suite du volume précédent. 3 fr.
Mémoires d'une fille honnête, avec le portrait de l'auteur gravé sur acier, par Staal. 1 vol......................... 3 fr.
Mémoires d'une biche russe. 1 vol............... 3 fr.
Voyage à la lune, d'après un manuscrit authentique projeté d'un des volcans lunaires. 1 vol., avec une gravure...... 3 fr.

AMEZEUIL (Cᵗᵉ D')

Les Amours de contrebande. 1 vol............... 3 fr.

ARNOULT (EUGÈNE D').

La Guerre de Pologne en 1863, précédée d'une préface par ALFRED MICHIELS. 1 vol. in-18 jésus................ 1 fr.
Les Brigands de Rome. 1 vol...................... 1 fr.

ASSOLANT (ALFRED).

Mémoires de Gaston Phébus. (*Sous presse.*)

ASTRIÉ.

Les Cimetières de Paris, guide topographique et artistique. 1 volume orné de 3 plans................................ 2 fr.

BARBEY D'AUREVILLY.

Un Prêtre marié. 2 vol. in-18 jésus.............. 6 fr.
Il a été tiré de ce livre quelques exemplaires papier de Hollande, au prix de 18 fr.

Une Vieille maîtresse. 1 vol...................... 3 fr.
Il a été tiré de ce livre quelques exemplaires grand papier, au prix de 6 fr.

BARNUM.

Les Blagues de l'univers. 1 vol................ 3 fr.

BERGERAT (ÉMILE).

Une amie, comédie en 1 acte et en vers, représentée au Théâtre Français... 1 fr.

BILLAUDEL.

La Perte d'un trésor. 1 vol...................... 1 fr.
La Mare aux oies. 1 vol......................... 1 fr.

BLANC (CASIMIR).

Jeanne de Valbelle, roman de mœurs intimes d'un grand intérêt. 1 volume in-18 jésus, orné de 2 gravures sur bois.. 1 fr.

BLANQUET (ROSALIE).

La Cuisinière des ménages. 1 beau vol. cartonné... 3 fr.

BONHOURE.

Méthode de lecture. 1 vol. cart................. 0 fr. 50 c.
Premières lectures courantes. 1 vol. cart.... 0 fr. 70 c.
Premières lectures instructives. 1 vol. cart.. 0 fr. 90 c.

BRÉHAT (DE).

Un Mariage d'inclination. 1 vol................. 3 fr.
La Sorcière noire. 1 vol........................ 3 fr.

BRIDE (CHARLES).

L'Amateur photographe, *Guide usuel de photographie,* à l'usage des gens du monde; manuel essentiellement pratique, orné de nombreuses vignettes explicatives, et suivi d'un abrégé de chimie photographique........................... 3 fr.

BROT (ALPHONSE).

La Cousine du roi. 1 vol........................ 3 fr.

BROUCHOUD.

Les Origines du théâtre de Lyon. 1 vol. in-8, imprimé avec luxe... 5 fr.

BUSSY (DE).

Dictionnaire de l'art dramatique. 1 vol. .... 4 fr.

CAUVAIN (JULES) et ADRIEN ROBERT.

Les Proscrits de 93. 1 vol...................... 3 fr.

CHALIERE (Louis).

Ingenio. 1 vol. in-18.. 1 fr.

CHARLES (Victor).

La Béguine de Bruges. 1 vol. in-32.................. 1 fr.

CHASLES (Philarète).

En préparation : Ouvrage nouveau sur les questions actuelles de littérature, politique, religion, etc. Nouvelle édition des œuvres complètes.

CIMINO.

Les Conjurés, roman trad. de l'italien par M. Chenot. 2 vol 6. fr.

CLARETIE (Jules).

Les Ornières de la vie. 1 volume in-18 jésus, orné de deux vignettes sur bois................................ 1 fr.
Un Assassin. 1 vol.. 3 fr.
Voyages d'un Parisien. 1 vol......................... 3 fr.

COMETTANT (Oscar).

En Vacances. 1 beau et fort volume in-18 jésus, orné de deux grandes vignettes sur bois............................ 3 fr.
L'Amérique telle qu'elle est. Voyage anecdotique de Marcel Bonneau aux États-Unis et au Canada. 1 beau volume in-18 jésus, avec deux jolies vignettes sur bois................ 3 fr.
Le Danemark tel qu'il est, ses mœurs, ses coutumes, ses institutions, ses musées, souvenirs de la guerre, etc. 1 vol. 4 fr.
Un petit rien tout neuf. 1 vol. in-18 jésus.......... 3 fr.

CONTY (de).

Paris en poche. Guide pratique dans Paris, illustré de nombreuses gravures. Un volume élégamment cartonné...... 4 fr.
Londres en poche. Guide pratique du voyageur à Londres. 1 volume élégamment cartonné............................ 4 fr.
Plan de Londres. Guide indicateur instantané...... 1 fr. 25
Les bords du Rhin en poche. Guide pratique et illustré. 1 volume élégamment cartonné........................... 5 fr.
Guides pratiques des voyages circulaires, rédigés sous les auspices des Compagnies.

> Belgique et Hollande...................... 2 fr. 50
> Belgique................................... 2 fr. 50
> Bords du Rhin............................. 2 fr. 50
> L'Oberland Bernois....................... 2 fr. 50
> La Suisse et le duché de Bade........... 2 fr. 50
> Bruxelles.................................. 2 fr. »

CORTAMBERT (Richard).

Impressions d'un Japonais en France. 1 vol. in-18 jés. 1 fr.
Aventures d'un Artiste dans le Liban. 1 vol.... 3 fr.

DASH (Comtesse).

Le Petit Chien qui sème des perles. 1 vol....... 3 fr.

DAURIAC.

La Télégraphie électrique, son histoire, ses applications en France et à l'étranger, suivie d'un tableau des tarifs internationaux et d'un manuel pratique de l'expéditeur de dépêches. 1 vol. in-18 jésus... 1 fr.

DELVAU.

Françoise. 1 joli volume in-32 jésus, avec une eau-forte de Thérond.. 1 fr. 50

Il a été tiré de ce livre 22 exemplaires numérotés, sur papiers de Chine et de Hollande.

Le grand et le petit trottoir. 1 vol................. 3 fr.
Du pont des Arts au pont de Kehl. 1 vol......... 3 fr.
Le Fumier d'Ennius. 1 v. in-18 jés., av. une eau-forte. 3 fr.

Il a été tiré de ce livre deux exemplaires sur papier de Hollande à 8 fr.

DESCODECA DE BOISSE.

Louis de France (Louis XVII), poëme épisodique suivi de documents historiques et justificatifs. 1 beau volume in-8°, imprimé à l'Imprimerie Impériale.................... 7 fr. 50

DESLYS (Charles).

Les Bottes vernies de Cendrillon. 1 vol........ 3 fr.

DUSOLIER (Alcide).

Nos Gens de lettres, critiques et portraits littéraires. 1 vol. in-18 jésus.. 1 fr.

EMMANUEL.

De la Madeleine à la Bastille, vaudeville en un acte. 1 fr.

ÉNAULT (Étienne).

Scènes dramatiques du mariage. 1 vol. in-18 jésus. 3 fr.

ÉNAULT (Étienne) et Louis JUDICIS.

L'Homme de minuit. 1 vol........................... 3 fr.

EYMA (Xavier).

La Mansarde de Rose. 1 vol....................... 3 fr.

FEUTRÉ (Angély).

Une Voix inconnue. 1 volume.................... 2 fr. 50

FÉVAL (Paul).

Les Mystères de Londres, edition revue avec le plus grand soin par l'auteur. 2 vol. .... 6 fr.
L'Homme de fer. 1 vol............................ 3 fr.

GAGNEUR.

La Croisade noire. 1 fort volume in-18 jésus....... 3 fr. 50

GONZALÈS (Emmanuel).

Les Sabotiers de la forêt Noire. 1 vol. in-18 jésus, orné de deux vignettes............................ 3 fr.
Les Sept baisers de Buckingham. 1 vol. in-18 jésus. 3 fr.
Le Vengeur du mari. (*Sous presse.*)

GOUDAL (Louis).

L'Hermine de village........................... 3 fr.

GOURDON DE GENOUILLAC.

Comment on tue les femmes. 1 vol. in-18 jésus.... 2 fr.

GRANDET.

Donaniel, poésies. 1 vol. imprimé avec luxe........ 3 fr. 50

GRANGER (Ed.).

Fables nouvelles. 1 vol. in-18 jésus................ 1 fr.

GRAUX.

Le Roman d'un zouave. 1 vol...................... 1 fr.

GRAVILLON (Arthur de).

A propos de bottes. 1 vol. in-8, avec 85 vignettes et une eau-forte................................. 3 fr.
J'aime les morts. 1 vol. imprimé par Perrin, de Lyon. 6 fr.
De l'Oisiveté incomprise. Une brochure........... 1 fr.

GUIGNOL (Théatre de).

Un beau vol. in-8°, imprimé avec luxe par Perrin, de Lyon. 10 fr.
Exemplaires papier de Hollande...................... 25 fr.

HALT (Robert).

Une cure du docteur Pontalais. 1 vol............. 3 fr.

HILLEMACHER.

La Troupe de Voltaire. 1 vol. in-8°, avec 41 portraits, imprimé par Perrin, de Lyon.................................... 40 fr.
La Troupe de Talma. 1 vol. in-8°, imprimé par Perrin, de Lyon... 40 fr.

HOCQUART.

Le Vétérinaire pratique, traitant des soins à donner aux chevaux, aux bœufs, aux moutons, aux chiens, et en général à tous les animaux de basse-cour; 6ᵉ édit:, revue et augmentée. 3 fr.
La Tenue des livres pratique. 1 fort volume in-12.... 3 fr.

JOLIET (Ch.).

Le Médecin des dames. 1 vol...................... 3 fr.
Le Roman de deux jeunes mariés. 1 vol...... .... 3 fr

KOCK (Henry de.)

Les Mémoires d'un cabotin. 1 vol., avec 3 grav....... 3 fr.
La Voleuse d'amour. 1 vol., avec 5 grav............ 3 fr.
Les Accapareuses. 1 vol., avec 2 grav............ 3 fr.
Le Roman d'une femme pâle. 1 vol., avec une eau-forte de F. Hillemacher............................. 3 fr.
Les Petites Chattes de ces Messieurs. 1 vol. in-18 jésus, avec une gravure. Nouvelle édition............... 1 fr.
L'Amour bossu. Nouvelle édition..................... 1 fr.
La Nouvelle Manon. 1 vol......................... 1 fr.
Guide de l'amoureux à Paris. 1 vol. avec une vign. 1 fr.

LACRETELLE (Henri de).

Le Colonel Jean. 1 vol............................. 1 fr.

LAMARTINE.

Recueillements poétiques. 1 vol. in-8........... 1 fr. 50
— — 1 vol. in-18 jésus....... 1 fr.

LARCHER.

Un dernier mot sur les femmes. 1 vol. in-32 jésus. 0 fr. 75

LECOMTE.

Mademoiselle Déjazet. 1 vol....................... 1 fr.
Frédérick Lemaitre. 1 vol......................... 1 fr.

LEFEUVE.

Les anciennes Maisons de Paris sous Napoléon III, 60 livraisons réunies en quatre beaux vol. suivis d'une table de concordance... 20 fr.
Tome V^e, formant le complément et la fin de l'ouvrage.... 5 fr.

LÉO (André).

Un Mariage scandaleux. 1 volume................. 3 fr.
Une vieille Fille. 1 vol. in-18 jésus, avec une vignette. 2 fr.
Les deux filles de M. Plichon. 1 vol............... 3 fr.
Jacques Galéron 1 vol........................... 1 fr. 50.
Observations d'une mère de famille à M. Duruy. Brochure in-8°................................... 1 fr.

LÉO LESPÈS (Timothée Trimm).

Avant de souffler sa bougie. 1 vol. in-18 jésus...... 3 fr.
Spectacle vu de mon fauteuil. 1 vol............... 3 fr.

LESCURE (M. de).

Les Amours de Henri IV. 1 beau et fort vol. in-18 jésus, orné de quatre beaux portraits historiques, dessinés par Boullay et Eug. Forest, d'après des originaux du temps........... 4 fr.

Il a été tiré de ce livre cent exemplaires de luxe numérotés. Il reste à vendre seulement quelques exemplaires sur vélin, à 8 fr.

Les Amours de François Ier. 1 vol. avec une eau-forte. 3 fr.

Il a été tiré de ce livre dix exemplaires numérotés (1 à 10) sur chine, à 20 fr.; dix (11 à 20) sur papier de Hollande, à 18 fr.; quarante (21 à 60) sur beau jésus vélin, à 6 fr.

Lord Byron. 1 vol................................. 3 fr.

LOTHIAN (Marquis de).

La Question américaine. 1 vol. in-8............... 6 fr.

MALO (Ch.).

Femmes et Fleurs, rose à douze feuilles, *petites photographies badines.* 1 très-joli volume in-32 jésus............... 1 fr. 50

MARANCOURT (de).

Rien ne va plus. — La Rouge et la Noire. 1 vol. in-18 jésus... 1 fr.
Confessions d'un commis-voyageur............. 3 fr.
Confidences d'un garçon du Café Anglais. 1 vol.. 3 fr.

MARCHEF GIRARD (Mlle).

Des Facultés humaines et de leur développement par l'éducation. 1 vol. in-8.................................... 7 fr. 50

MARESCHAL.

Le Coffret de Bibliane. 1 volume de Nouvelles..... 1 fr. 50

MARGRY.

Belin d'Esnambuc et les Normands aux Antilles. 1 vol. in-8.. 2 fr. 50

MARX (ADRIEN).

Romans du wagon. 1 vol........................... 3 fr.

MIE D'AGHONNE.

Le Mariage d'Annette. 1 vol...................... 3 fr.

MINORET (EUGÈNE).

L'Oraison dominicale. 1 vol. in-32 jésus, imprimé avec luxe par Perrin, de Lyon................................. 4 fr.

MOLÉRI.

La Terre promise. 1 vol. (*Sous presse*)............. 3 fr.

MORNAND (FÉLIX).

L'Italie. 1 vol.................................... 3 fr.

MOLIÈRE.

Nouvelle édition imprimée par Perrin, de Lyon, avec une eau forte en tête de chaque acte. 6 vol. à 20 fr. chaque.
Les deux premiers volumes sont en vente.

MONSELET (CH.).

De Montmartre à Séville. 1 vol.................... 3 fr.
Portraits après décès. 1 vol...................... 3 fr.

MONTEMERLI (Comtesse MARIE).

Entre deux Femmes. 1 vol. in-18 jésus............. 3 fr.

NADAUD.

Chansons; nouvelle édition contenant toutes les nouvelles chansons. 1 vol. in-18 jésus................................ 4 fr.

NOIR (LOUIS).

Souvenirs d'un zouave, *campagne d'Italie.* 1 vol..... 1 fr.

NOIRIT (Jules).

Haydée. 1 vol... 3 fr.

OLLIVIER (Raoul).

Séduction. 1 vol. in-18 jésus........................ 1 fr.

PAUL (Adrien).

Les Finesses de d'Argenson. 1 vol. in-18 jésus, orné de deux vignettes sur bois.................... 1 fr.
Nicette. 1 vol... 1 fr.
Thérésa. 1 vol.. 1 fr.
L'Anglais amoureux. 1 vol............................ 1 fr.
Amour partout. 1 vol.................................. 1 fr.

PAYA (Ch.).

Les Cachots du Pape. 2e édition. 1 vol. in-18 jésus.. 1 fr.

PIC (Ulysse).

Lettres gauloises. 1 vol. in-18 jésus............... 1 fr.

PONSON DU TERRAIL (Vicomte).

Le Trompette de la Bérésina. 1 vol................ 3 fr.

POUCEL (Benjamin).

Les Otages de Durazno, souvenirs du Rio de la Plata. 1 vol. in-8.. 6 fr.
Mes Itinéraires au Rio de la Plata. Une brochure in-8. 1 fr.

POUPILLIER.

Une Ode de Sapho. Comédie en deux actes et en vers. 1 vol. in-8°.. 2 fr.

POUPIN (Victor).

Un Chevalier d'amour. 1 vol. in-18 jésus......... 3 fr.
Un Mariage entre mille............................... 1 fr.
Un Bal de l'Opéra. 1 vol............................. 1 fr.

POURRAT.

Vercingétorix. Étude dramatique en prose et en vers. 1 vol. 3 fr.

PRUDHOMME SULLY.

Stances et poëmes. 1 volume de poésies......... 3 fr.

RAMBAUD et COULON.
Les Théâtres en robe de chambre. 1 vol. .... 3 fr.

RATAZZI (Mme, née DE SOLMS).
Les Soirées d'Aix-les-Bains. 1 vol. .... 1 fr.

RÉAL (ANTONY).
Les Francs-Routiers. 1 vol. .... 1 fr.
Les Tablettes d'un forçat. 1 vol. .... 1 fr.

RÉNÉ ET LIERSEL.
Traité de la chasse et de la pêche. 1 vol. in-12... 2 fr.

REYNOLDS.
Les Mystères de la cour de Londres. 1 vol. ...... 3 fr.
Fernanda. Deuxièmè série des *Mystères de la cour de Londres*.
1 vol. .... 3 fr.
Les autres séries sont sous presse et paraitront successivement.

RIGAUDIÈRE (DE LA).
Histoire des persécutions religieuses en Espagne.
1 vol. .... 1 fr.

ROBERT (ADRIEN) ET JULES CAUVAIN.
Les Proscrits de 93. 1 vol. .... 3 fr.

ROSSIGNOL (LÉON).
Lettres d'un mauvais jeune homme à sa Nini. 1 vol.
3 fr.

ROSTAND (EUGÈNE).
Ébauches. 1 vol. de poésies imprimé par Perrin, de Lyon. 4 fr.

ROUSSELON.
Le Jardinier pratique. 1 fort vol. in-18 jésus de 536 pages,
avec 200 vignettes. .... 3 fr.

SAINT-FÉLIX (JULES DE).
Les Chevalières du tour de France. 1 vol. (Sous
presse).. 3 fr.

SÉGALAS (Mme ANAÏS).
Les Mystères de la maison. 1 vol. in-18 jésus...... 3 fr.

STAPLEAUX.

Le Roman d'un fils. 1 vol.................................. 3 fr.
Le Château de la rage. 1 vol............................. 3 fr.

VALLÈS (Jules).

Les Réfractaires... 3 r.
La Rue. 1 vol... 3 fr.

VERNIER (Valery).

Les Filles de minuit. 1 vol. in-8°, imprimé par Perrin, de
   Lyon.. 5 fr.

VIGNEAU.

Une Fortune parisienne. 1 vol............................ 3 fr.

WAILLY (Jules de).

La Vierge folle. 1 vol. in-18 jésus...................... 3 fr.
La Voisine, comédie en un acte et en vers, représentée au
   Gymnase-Dramatique................................... 1 fr.

M. Faure expédiera ses publications en compte à MM. les libraires qui lui en feront la demande, et prendra note, s'ils le désirent, de leur adresser ses nouveautés d'office, avec faculté de retour et d'échange.

Pour recevoir *franco* par la poste l'un des ouvrages indiqués sur le présent Catalogue, il suffit d'en envoyer le montant en une valeur sur Paris ou en timbres-poste, en ajoutant 20 centimes au prix des volumes à 1 fr.

à M. ACHILLE FAURE, Libraire, boulevard Saint-Martin, 23, à Paris.

**Remises exceptionnelles et très-avantageuses
pour tous les libraires.**

EXTRAIT DU CATALOGUE

DE LA

LIBRAIRIE ACHILLE FAURE

OUVRAGES DE HENRY DE KOCK :

LA VOLEUSE D'AMOUR ;

LES ACCAPAREUSES ;

L'AMOUR BOSSU ;

LES MÉMOIRES D'UN CABOTIN ;

LES PETITES CHATTES DE CES MESSIEURS ;

LA NOUVELLE MANON ;

GUIDE DE L'AMOUREUX A PARIS.

LE ROMAN D'UNE FEMME PÂLE.

Je viens de lire le nouveau livre de Henry de Kock : *le Roman d'une femme pâle*, et, avant de donner mon opinion sur le livre, il me plaît de la donner sur l'écrivain.

Une vieille dette que je lui paye.

Depuis quelque temps Henry de Kock est trèsattaqué par certaine critique : la critique des petits journaux, — la critique aux petites dents et aux petites plumes, qui l'accuse, surtout, de chercher ses succès dans l'*immoralité*.

Eh bien! j'en suis fâché pour ces Aristarques qui, d'ailleurs, ne se piquent point, généralement, d'urbanité dans le choix de leurs coups de boutoir *ad hominem*, — mais ils ne savent pas ce qu'ils disent.

Ou ils ne disent pas ce qu'ils savent. — A leur choix : ignorance ou hypocrisie.

Non, Henry de Kock n'est point immoral. Dans la *Voleuse d'amour*, les 13 *Nuits de Jane*, le *Démon de l'alcôve*, la *Nouvelle Manon*, les *Petites chattes de ces Messieurs*, les *Accapareuses*, ceux de ses romans les plus mordus, — nous ne disons pas : déchirés; ils résistent très-bien; — par les quenottes en question, il peint un monde qu'il connaît, qu'il a étudié, observé, ausculté... — et ce monde n'est pas, sans doute, le monde où nous aurons jamais envie de voir *s'établir* nos filles... — ni même nos fils.

Mais parce qu'on parle de choses et de gens méprisables, est-il à dire qu'on mérite le blâme? A ce compte, quels écrivains, — et je prendrai parmi les plus grands, — seraient à l'abri du reproche? — Ah! si, en nous montrant ces choses et ces gens, on affectait de nous les donner comme règles de conduite et comme modèles, à la bonne heure! Je m'inclinerais devant une noble indignation! Mais il n'en est pas ainsi, non, il n'en est pas ainsi. Ouvrez le premier venu de ces livres que j'ai cités, qu'y verrez-vous? Des tableaux amusants, intéressants; parfois dramatiques; toujours vrais. Puis, comme couronnement à tout cela, sans exception, suivant la loi juste, — la loi divine, — le bien dominant le mal, le laid cédant la place au beau, le vice s'effaçant, honteux, devant la vertu triomphante...

« Sapristi ! » — style Desgenais, — du moment que, dans chacun de ses ouvrages, Henry de Kock, — à l'instar de tout bon mélodramaturge dans tout bon mélodrame, — vous montre, invariablement, au dénouement, *le vice puni et la vertu récompensée*, que pouvez-vous désirer de plus, messieurs les Frérons à deux sous la ligne? Êtes-vous donc plus royalistes que le roi? Mais les trois quarts et demi des romans de Henry de Kock sont estampillés. — Un de ces matins bénis que vous aurez trois francs en poche, assurez-vous, *de visu*, du *visa*, dans quelque gare de chemin de fer. — C'est qu'en dépit de vos criailleries, la commission du colportage ne veut pas voir dans ces livres ce que vous y voyez... ou plutôt ce que vous feignez d'y voir, hommes de trop de vertu! — Soyez sincères, là... — pour une fois, bah! — votre grief le plus grave contre Henry de Kock, c'est qu'il se lit, qu'il se vend...

Et que, lorsque, par impossible, vous parvenez à produire, vous, et à vous faire imprimer, tout au plus vos meilleurs amis! — vos parents! — vos créanciers! — ont-ils le courage d'enlever à votre œuvre cette virginité..... qui lui vient du brocheur.

Qui veut trop prouver ne prouve rien. On appelait jadis Paul de Kock : *le Romancier des cuisinières*, et Paul de Kock se contentait de répondre en souriant : « Il y a donc beaucoup de cuisinières? » Aujourd'hui, on appelle son fils : *le Romancier des femmes galantes*; et Henry de Kock répond à son tour en souriant également : « Il y a donc beaucoup de femmes galantes? »

D'ailleurs, tous ses romans ne sont pas du genre incriminé; — incriminé par les enragés de morale, les furieux de chasteté; — j'en pourrais nommer dix, — Henry de Kock a écrit plus de cent cinquante volumes, — je me bornerai à en désigner quatre où il n'y a pas ombre d'ombre de galanterie : *le Médecin des voleurs, les Mystères du village, les Mémoires d'un cabotin, l'Amour bossu.*

L'Amour bossu, — entre autres, — publié primitivement dans le *Constitutionnel*, est, à tous égards, une œuvre des plus remarquables : comme conception, comme originalité, comme style, comme esprit.

Le *Roman d'une femme pâle* a toutes les qualités de l'*Amour bossu*. Henry de Kock a voulu prouver une fois de plus qu'il savait dépeindre d'autres passions, d'autres sentiments que ceux du monde des courtisanes, et il a vaillamment atteint son but. Il y a dans ce livre telles pages écrites avec une énergie, tels détails dessinés avec une finesse qu'un maître ne désavouerait pas. C'est l'histoire d'une honnête femme que la jalousie entraîne jusqu'au crime... et qui en meurt. — Et après l'avoir lu, frappé que nous étions de sa terrible étrangeté, nous nous sommes demandé si, réellement, ce *roman* était bien un roman, ou si l'auteur, indiscret par amour de l'art, n'en avait pas puisé la donnée première à quelque source confidentielle... — et suprême.

Ne vous semble-t-il pas, comme à nous, qu'il y a des choses qu'on n'invente pas ?

Quoi qu'il en soit, le *Roman d'une femme pâle* sera bientôt dans toutes les mains, nous le lui prédisons.

Et... notre dette est payée. Que si, pour défendre un écrivain que nous aimons, nous avons ramassé quelques pierres à lui jetées par ceux qui ne l'aiment pas, nous autorisons très-volontiers ceux-là à adapter à leur profit ce proverbe arabe : *On ne jette de pierres qu'aux arbres à fruits.*

Fréd. Voisin.

On lit dans la *Presse* du 17 juillet 1865, sous la signature Georges Bell :

Le *Roman d'une femme pâle*, par Henry de Kock, in-18. — Histoire d'amour qui finit de la façon la plus tragique. Une statue s'anime et son cœur devient un volcan embrasé des passions les plus absolues. L'être aimé a le tort de s'oublier un jour, et de s'oublier sans la moindre excuse. Il y a un double crime au dénouement. Ce roman très-étudié, très-fouillé, est un des meilleurs que nous ayons lus depuis longtemps.

NOUVEAUTÉS SOUS PRESSE
le 1ᵉʳ Mars 1866.

LES MYSTÈRES DE LONDRES

PAR

PAUL FÉVAL

ÉDITION REVUE AVEC LE PLUS GRAND SOIN ET ENTIÈREMENT REFONDUE PAR L'AUTEUR.

2 volumes.................. 6 fr.

L'HOMME DE FER

par le même auteur

1 volume........................ 3 fr.

LES MÉMOIRES D'UNE BICHE RUSSE

1 volume............ 3 fr.

LES PROSCRITS DE 93

PAR

Adrien ROBERT et Jules CAUVAIN

1 volume...................... 3 fr.

LA RUE

PAR

JULES VALLÈS

1 volume................... 3 fr.

www.ingramcontent.com/pod-product-compliance
Lightning Source LLC
Chambersburg PA
CBHW050650170426
43200CB00008B/1236